好妈妈

haomama yu haolaoshi

与好老师

5 个博士的妈妈教学与教养经验分享

王廷兰 著

熊智锐 文字整理

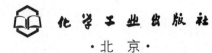

化学工业出版社

·北京·

本书从认识王廷兰以及王廷兰开始当老师起，生动地呈现出作者任教时学生的快乐、老师的喜悦，加上附录所收录现今已卓有成就的五位博士子女眼中的妈妈，更可细细描绘出这位无论调皮搞怪还是循规蹈矩的学生口中的王廷兰老师的模样，她的教育、养育方式，深深为世人所折服，除了成为杏坛佳话，也为教养子女的父母、育作英才的老师，留下殷切的借鉴与效法。

图书在版编目（CIP）数据

好妈妈与好老师——5个博士的妈妈教学与教养经验分享／王廷兰著．—北京：化学工业出版社，2012.4
　　ISBN 978-7-122-13545-2

Ⅰ．好… Ⅱ．王… Ⅲ．家庭教育-经验-中国 Ⅳ.G78

中国版本图书馆CIP数据核字（2012）第027344号

原繁体版书名：三年乙班教室裡的笑聲——生出5個博士的媽媽、老師教養經驗分享，作者：王廷蘭著、熊智銳文字整理

ISBN 978-986-121-400-9

本书中文简体字版由五南图书出版股份有限公司授权化学工业出版社独家出版发行。
未经许可，不得以任何方式复制或抄袭本书的任何部分，违者必究。

北京市版权局著作权合同登记号：01-2011-4427

责任编辑：李晓晨　肖志明　　　　　　　装帧设计：尹琳琳
责任校对：边　涛

出版发行：化学工业出版社
　　　　　（北京市东城区青年湖南街13号　邮政编码100011）
印　　装：化学工业出版社印刷厂
710mm×1000mm　1/16　印张12$\frac{1}{2}$　彩插4　字数126千字
2012年7月北京第1版第1次印刷

购书咨询：010-64518888（传真：010-64519686）
售后服务：010-64518899
网　　址：http://www.cip.com.cn
凡购买本书，如有缺损质量问题，本社销售中心负责调换。

定　　价：28.00元

认识王廷兰老师

熊智锐

　　王廷兰老师是河南太康常营窦陵冈王家桥人，父王文瑞先生，母刘氏；1927年12月25日生，2006年3月4日辞世。1950年元旦与河南商城熊智锐结婚；生三女二男，教养有成，2000年荣获金氏纪录台湾生最多（五个）博士的妈妈荣衔。自幼立志当老师，河南省百泉乡师毕业，中国台湾台中师专进修；毕业从事小学教师工作，1988年荣获中国台湾"杏坛芬芳录"优良教师奖。她的志趣是：把不会的教会，把不好的教好，不放弃任何一个学生。1991年退休后，全心投入文教义工工作，1998年荣获中部五县市绩优义工奖。关心清寒学生，1980年起，先后在台中市黎明中学、黎明小学及大陆故乡三所高中、三十余所小学设置奖学基金或奖助学金，1991年退休时，捐出退休金台币二十万元给黎明小学作奖学基金，奖助清寒弱势学生。

　　在二十余年教学生涯中，她没请过一天假。在正常情况下，早上上学，她总是第一个进教室的人，下午放学，她总是最后一个离开教室的人。校长和同事都知道，王老师有许多必须早到校，晚离开的"理由"。她觉得这样才安心，这样才像个老师。

　　王老师生活俭朴，言行自然纯真，何时何地都是笑脸迎人；凡与王老师交往认识的人，都对她有很真、很善、很美的印象。

我的自白

　　我自幼就立志当老师。那是受到邻家一位女老师的影响。在半个多世纪以前的河南乡下，难得看到一位斯斯文文的女老师，我很羡慕，就不知天高地厚地立志当老师。十岁开始，过了很长一段的小小流亡学生生活，是苦难也是磨炼。到台湾后结婚生子，当了十几年的专职妈妈，在吃酱油拌饭的苦日子里教养了五个子女，但我念念不忘要当老师，故常常设想自己是老师，也尽心尽力做得像个老师。这段时间无疑是我当老师的职前训练，我正扮演着一位像老师的妈妈或老师型妈妈。

　　幺女读小三时我终于走出家庭，如愿以偿当了老师。刚开始我常角色错乱，还以为自己在当妈妈，也以妈妈的心情和态度带学生。有些朋友说我是妈妈型老师，这也很好。不过无论如何，我只有这么一颗心，当妈妈和当老师都一样。

　　退休后回想，我这位平凡的妈妈型老师，二十几年教学生涯没出过任何差错，算是很幸运；没亏待过任何一个学生，也可问心无愧。在班级里每个学生的家庭背景、智能、行为等都不一样，我都得一一面对；经过我一年、两年的用心用力，也能让他们各有所学、各有所得、各有所成长与发展；而且在学习过程中每天都高高兴兴上学、快快乐乐回家，这对他们的一生或许会有一些好的影响，这就是我这个妈妈型老师的"业绩"。退休后我又当了十几年的文教义工，很多朋友常常向我问一些教养子女的问题，我除了说我没有什么法术外，也会坦诚地给他们一些建议，因为我是他们心目中的长者，不能让他们太失望。这时候，我仿佛既像老师又像妈妈。

　　长期以来我自知能力不足，做任何事都全力以赴并不断学习，在心情、生活和工作上，从来不曾放过自己或宽待自己。表面上看我很勇敢，一直埋头向前冲，其实我是个虽勇敢却又很胆小的人，尤其遇到自己不熟悉或没把握的事，我总是多花一些心力和时间，小心翼翼地一再尝试摸索，避免出差错。我能做成一些事的原因固然在此，未能做成更多事的原因也在此。

　　——我就是这样一个人。这就是我的自白。

王廷兰

　　本书是根据已故内子王廷兰日记和记事资料选录整理而成的。其中部分教学事例曾在1994年五南公司印行的拙作《开放型的班级经营》中发表过，为充实本书内容，特撷取其中若干精彩片段，汇整成本书。著作者仍署名王廷兰，以示尊重并揭示资料来源；文字整理者为敞人，以符合事实。凡此均经商得五南公司同意。特先申明，并向读者致意，向五南公司致谢。

　　从书中不难看出，王老师是一位很普通很平实的人；她的面貌和能耐是勤奋、真实、诚信和认真学习；她陪着五个子女和众多学生不断成长，走完她充实美好的人生。正如她在"我的自白"中所说的，当妈妈时，她是一位老师型妈妈；当老师时，她是一位妈妈型老师；退休后当文教义工，她又仿佛既像老师又像妈妈。这正是她的人生掠影。其中最值得称道的，当然还是她二十多年的教学经验和成就。这是本书的主要内容，也是本书所要推介给读者的重点所在。

　　教育学者尝言："教育无他，爱与榜样而已。"但阅读本书后你会蓦然发现，除了爱与榜样之外，还要有"方法"。王老师的可贵处，正是她在身体力行爱与榜样的教育之余，更能挖空心思耗费时间想出有效的方法；用"方法"把不会的教会、把不好的教好。即使将吃饭休息的时间都赔进去，也要用方法来克服困难和解决问题；绝不肯放弃任何一个学生，或让任何一次教学失败。这就是王老师之所以为王老师，也是她受人敬重的根本原因。

　　为了给本书内容和价值加分，书中特加列三项附录，其一是学生的口碑，这部分是从王老师纪念文集《春风化雨满庭芳》一书中摘录的。该纪念文集已普遍赠送中国台湾省台中县、台中市、彰化县、苗栗县各中小学和图书馆，可供查阅印证。

其二为王老师教养子女的态度和方法，是王老师生前留下的记录，是为了满足更多人的好奇与期待而列的。

其三附录摘录了子女们的感念文字，以相印证。

诚如王老师在"我的自白"中所说的，她是一位既勇敢又胆小的人。翻阅她的日记和记事资料得知，她自幼立志当老师，十岁开始过流亡学生生活，经历过饥寒交迫、日伏夜行逃难、被迫偷麦穗、讨饭讨粮、推磨磨面、疾病煎熬……很多同学中途离去，甚至小小年纪就嫁作人妇，她却能在前途茫茫中一直奋勇向前冲。到台湾后，终于实现了当老师的心愿，她当然很珍惜这份得来不易的职责。她自知能力不足，总是一边工作一边学习，即使晚年生病期间也还看书、阅报、背古文、学英文；为了方便，她常将厚厚的一本书拆开，带几页在身边随时阅读，随时随地都不肯放松自己。这也是她常引以为慰的。她常说"人之相知、贵相知心"，有幸与她相知相惜五十七年，特在此序之末略提一下，幸读者勿以赘辞见责。

熊智锐

一 新老师的开始 /001

1.走进教室前的功课 /001
2.我是王廷兰老师 /002

二 运动会的考验 /005

1.准备开运动会 /005
2.输赢都要替班上争荣誉 /007
3.不会教体育的体育老师 /008
4.选手训练 /010
5.各项准备工作 /010
6.小的地方都要想到 /013
7.千方百计邀请家长参观 /014
8.家长表现令人感动 /016
9.偶发事件的处理 /017
10.运动会登场了 /018
11.全班都疯了 /019
12.养成事后检讨的习惯 /021

三 有声有色的庆生会 /023

1.提前宣布举办日期 /023
2.分组准备 /023

3.各科教学的联络与配合 /024

4.我家孩子的支持 /026

5.坏天气更快乐 /026

6.三个大蛋糕 /027

7.家长的热心 /028

8.不冷落任何一个学生 /029

9.当天的教室布置 /030

10.活动盛况 /030

11.喜气满校园 /031

12.检讨 /032

四 一项有效的教学 /033

1.教写毛笔字是件头痛的事 /033

2.从充分准备开始 /033

3.这是有效的教学 /036

4.保持良好的学习兴趣 /040

5.好的善后才是有效教学的完成 /042

6.写字教学的检讨 /043

五 有趣的个案 /045

1.不吃蛋的小精灵 /045

2.真实的生活教育 /046

3.一句话的效果 /049

4.扫厕所也能扫出趣味来 /051

5.五分钟的快乐时光 /052

6.分组学习的变化与运用 /053

7.全班都欢欢喜喜回家了 /055

8.小仙女下凡来 /056

9.一声感谢 /057

六 变黑变白变变变 /061

1.黑面小将军威风凛凛 /061
2.一只"小老鼠"的改变 /062
3."小祖宗"很喜欢扫地了 /067
4.家庭访问变成了"文化交流" /069
5.心花朵朵与彩云片片 /070
6.阴暗的角落有了阳光 /071
7.一家人都变得很大方了 /073
8.李维龙大展身手 /074
9.四小福终于得救了 /075
10.小黑变小白 /076

 七 小鱼小羊小秘密 /079

1.上课中的振奋剂 /079
2.漏网的六条小鱼 /079
3.要带起兴趣来 /080
4.班会有话说了 /081
5.好听的话很好听 /082
6.拆穿谎言以后 /083
7.找回一只迷失的小羊 /084
8.师生间的小秘密 /085

 八 老师的苦心和无奈 /087

1.转学生来了 /087
2.只要他喜欢，有什么不可以 /088
3.扎辫子的扫把星 /089
4.穷孩子也能生活得很快乐 /089
5.只为了一个学生 /091

6.学生/家长/老师之间的角力 /095

7."我的孩子不要当老师" /098

九 老师的小撇步 /101

1."审案"的绝招 /101

2.鼓励说话的撇步 /101

3.拉近师生关系的偏方 /102

4.学生车祸住院了 /103

5.小小的诱因也会改变学生的行为 /104

6.用一点心机与家长周旋 /105

7.用美劳带动学习兴趣 /107

8.角色扮演好处多 /107

9.随时随地给小朋友加油打气 /109

10.机会教育很重要 /110

11.奖励是很好的武器 /111

十 做老师的善后告白 /113

1.退休后的检视与反省 /113

2.妈妈型性格的历练与形成 /114

3.我的教师生活状况 /115

4.我的遗憾 /116

5.来生还要当老师 /117

结 语 /119

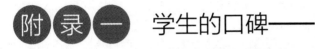

附录一　学生的口碑——

摘自王廷兰老师纪念文集
《春风化雨满庭芳》　　　/121

1. 五十个心灵交会的故事　/121

2. 这就是家长会嘛　/124

3. 您的一言一行，教会了我们尊重与爱　/129

4. 您让我走出自闭和自卑　/131

5. 告诉您，我们多么想念您　/131

6. 不良少年如果遇到王老师该多好　/133

7. 老师分半个便当给我吃　/134

8. 很失望，老师只请假两小时　/135

9. 握着老师温暖的手，我非常激动　/138

10. 寄出我对王老师的思念　/139

11. 忆师恩　/140

12. 循循善诱的王老师　/141

13. 老师·慈母　/143

14. 老师当选了，我们欢欣鼓舞　/144

15. 思念亦师亦母的您——王老师　/145

16. 追忆"永恒的恩师"——王廷兰老师　/147

17. 最敬爱的王廷兰老师　/149

18. 重视生活教育的王老师　/150

19. 老师带我们争取团体荣誉　/151

20. 照顾学生像对待花草一样　/153

21. 老师募捐帮助我家　/153

22. 点点滴滴的美丽回忆　/154

23. 用玩游戏的方式学习　/155

24. 王老师是怎么做到的　/156

25. 我们永远的王廷兰老师　/159

26. 一次巧遇一生怀念　/159

27. 我生命中的贵人——王廷兰老师　/160

28. 学生是她的一切　/162

 王廷兰：五个博士
子女是这样教养的 /165

1.我实话实说 /165

2.一项关键性的决定 /166

3."生活"是我们最看重的 /167

4.父母的身教很重要 /169

5.做个有教养、有品位的人 /170

6.保持传统美德 /171

7.必要时才向孩子提建议 /172

8.这是各方面的共同成果 /174

 子女的记忆——
节录自王廷兰老师
纪念文集《春风化雨满庭芳》 /175

1.母亲的音影 /175

2.对母亲无限的思念 /176

3.怎么有这样的日子——妈妈和我共同的经历 /180

4.妈妈辞世，恳谢朋友关怀 /184

5.谢谢您的礼物 /185

6.奶奶的毅力令人敬佩 /186

# 一 新老师的开始

1.走进教室前的功课

我终于当了老师了。

没当老师以前，想当老师。也常常暗地观察老师们的言行，看看、想想他们是怎样当老师的，他们的服装、仪容、言行、举止，像不像老师。如果我当了老师，哪些要改，哪些要更好。

那是一间乡下小学，要搭公车去。我怕搭公车，每次搭车都会头晕，下车后还会呕吐。我先生翘说，不要紧张，一切都慢条斯理地，这样才像老师。我上了公车，找个位置坐下来，慢条斯理地对邻座的人点了点头，微微地笑一笑。笑得很不自然，因为我一直担心自己会出差错。

我随时向外张望，生怕坐过了站不知下车。

终于到站了，终于顺利下车了，而且大概太紧张，竟然忘了头晕，下了车也忘了呕吐。

校门前有好多学生和大人，大人中间有家长、有老师，学生大概看我像老师，对我打招呼：“老师早！”我好紧张，又好兴奋，竟然不知怎样回答。好在旁边有位老师回答了：“小朋友早！”她还转头看看我，害得我很尴尬，对她微微笑笑。我这时候似乎除了微笑、点头以外，什么都不会了。

我一直暗暗提醒自己，别紧张，一切慢条斯理地，对，这样就好，让她先走，自己慢走一步。对了，就是这样。我两天前就来看过，校长室在这边，办公室在那边。我走进办公室，

有人把我的名牌写好了，放在这边位置上了，我知道这应该是我的座位。

开早会了，校长介绍新来的老师，我被介绍："这位是王廷兰老师，她是从台中来的。"听到校长叫我"王廷兰老师"，我既兴奋又紧张。我终于被人称为老师了，我终于当了老师了，但是，老师……啊，好沉重的头衔喔！

十年后再当老师，跟十年前完全不一样了。我请求教三、四年级，校长、主任接受了我的请求，叫我担任三年乙班的级任老师。有人替我分好了学生名册和文具等。

我的第一件事就是赶快打开学生名册，看看学生姓名中有没有不认识的字，我随身带了小字典，还是几十年前的那一本，随时可翻阅，它是我最忠实的朋友和老师。还好，没有不认识的字。

有一位学年主任老师，指给我看三年乙班教室在哪里，我对她笑笑，谢谢她。每一个人对我都很善意，真难得，我心存感谢。

2.我是王廷兰老师

我猜想乡下孩子一定很"野"，我准备怎样应付他们的"野"，当然不可以用高压管制的方法。

但是，很意外的是，我走进教室，教室里却寂静无声，每个孩子都瞪大了眼睛看着我。这叫我很紧张，有点手足无措。这时我又想起翘教我的招数：别紧张，慢条斯理地，慢慢来，慢慢打开僵局。我拿起粉笔，在黑板上写着："我是王廷兰老师"还是没声音。啊，对了，三年级，他们可能还不认识"廷"字，于是我赶紧加上注音"ㄊㄧˊㄥ"，这时大家才念出来："我是王廷兰老师。"好了，僵局终于打开了。有几位小朋友还说："王廷兰老师好！"我一直微笑着对他们，这时也微笑着响应"各位小朋友好"！

接下来就是点名，我说："老师要认识小朋友，小朋友也要认识老师，对不对？""对！"点着点着，每点一位就应声一下。点到何春美时，没应声；我再点一次，还是没应声。别的小朋友都朝着那位低着头的小女生看。她的头更低了，并且肩膀发抖，想哭的样子。"好了，"我说："等一下老师再叫何春美小朋友。"

这是个问题，要寻求答案。

下课后，我赶快翻开学籍簿，何春美的基本资料一片空白，父母栏是空白，有"祖母"，但"祖母"下面又有个附注"（养母）"。是祖母，又是养母，是这样的吗？这是怎么回事，稍后我会有详细的说明。

再翻翻别的小朋友，很多人的基本资料都是空白。我本来还想去请教一下上年度的级任老师，了解一下何春美的情况。这样看起来，也不必去请教了。

第二节课又遇到一个新问题。何春美的问题还来不及解决，有两个小男生从教室外吵到教室内，一直吵个不停，且站在我面前还在吵。这个问题要先解决。

我顿时灵机一动，对他们两个说："你们这样一直吵，妈妈……"啊，我立刻改口说："老师也不知道是怎么一回事。这样好了，你们一个一个地说，猜拳，赢的人先说，输的人后说。

说大声一点，让大家都听到。"开始时，我常常把自己的角色搞错，把"老师"说成"妈妈"。

结果，张建铭先说，李小江后说，什么事呢？为了一支铅笔。两个人讲完后，我让他们先回到座位上想一想，到底谁对谁错。过了一会儿把他们叫到讲台前面，让他们小声对老师说，到底谁对谁错。结果是，两个都说对方没有错。于是叫他们脸朝着全班同学，大声地说出"对方没有错"，然后彼此握手，不再为这件事争吵了。

而且我还肯定他们两个很勇敢，很会说话，又很公平，叫他们当"说话"的小老师。全班都给他们鼓掌。

鼓掌，打破班级的沉闷。我就顺便发动"班呼"的小名堂，我先做："啪！啪！啪啪啪！啪啪啪啪——啪啪！三年乙班加油！加油！加油！耶！"全班跟着做。但是我用手势和嘴巴示意，让大家小声，现在是上课时间，不要吵到别班。

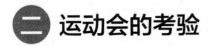

二 运动会的考验

1. 准备开运动会

学校行事历上标明出来了，十一月底要庆祝校庆，要开运动会，一大堆班级要准备的事项，很多老师都忙翻了。我是新兵，更不知从何处下手。我回到家里跟翘商量，他比较有经验。翘问我班上学生的情况怎么样，我率直告诉他，五花八门，龙蛇杂处，有小祖宗、小公主、小流氓、穷的、笨的、懒的、自闭症的、饶舌的……还有那位死都不肯理老师的何春美。翘没有什么办法，使不上力气，仅原则性地讲讲分组、分配任务、掌握进度、随时检查等。也只好如此了，我将全班依照任务编成五组，每组都有学习成绩上、中、下的人。特别照顾智能不足的。

选手组：经初选、训练及再复选，对入选者加以勉励，对落选者加以肯定及鼓励。

招待组：以外表端正、比较会说话者担任。

服务组：选工作认真、负责、热心者担任。

美劳组：由有美劳专长者担任。

拉拉队：除以上四组人员外，全体参加拉拉队。以上四组人员有空时也参加练习，当天随时加入以壮大声势。

我发现乡下孩子非但不野，反而很胆小、很害怕，有的孩子分组后也不敢跟同组的人在一起。我就特别注意那几个孩子，给他们壮胆，减少他们失败的机会。如果失败了或做得不理想，我会用各种说辞替他们遮掩，鼓励他们再接再厉。

那个不张口的何春美，我慢慢对她多了些了解，原来她是个养女，阿嬷不是她奶奶，是她养母，她该叫养母为"妈妈"。但是她们年龄相差太远，不像是母女，反而更像祖孙。别人误以为她们是祖孙，她也就叫养母为"阿嬷"了。她们很穷，常常三餐不继。

有一天放学，我把春美留下。等同学都走了，我小声对春美说："春美，你肯看看老师吗？老师很喜欢你耶！春美眼睛大大的，很亮，来，春美，你看看老师桌子上很乱，来替老师收拾收拾好吗……看看课本该放哪里，铅笔该放哪里……还有手帕……啊，对了对了，春美真聪明，课本收起来，放进抽屉里。铅笔插在笔筒里，看看我们春美多聪敏。春美，你要不要叫老师一声，叫一声'老师'就好。"

"……老师……我怕……"

"你怕什么？春美，你看老师不是很爱春美吗？不要怕，老师是春美的好朋友。你每天要穿衣服，要背书包，衣服和书包都是你的好朋友，你会怕你的衣服和书包吗？"

"老师，我……我不怕。"

"对了，从现在起，你在班上有个好朋友，就是老师。所以你什么都不怕，老师是你的好朋友……啊，对了，你不必担心回去没饭吃，老师已经买了一些面线、青菜、蛋送给你阿嬷了，你阿嬷也很喜欢老师，老师也是你阿嬷的好朋友，我也请你阿嬷动手把房子里收拾好一点，清扫清扫，她说她会做的。"

"谢谢老师……老师，我不怕了。"

原来她是别班转过来的，班上没有她认识的同学。从此以后，何春美在班上慢慢也有朋友了。她经常替老师收拾桌子上的东西。

2.输赢都要替班上争荣誉

我决心利用开运动会的机会，把全班和谐快乐的气氛带起来。我非常留意，不允许班上孩子有耻笑或看不起别的同学的事情发生。对各种弱势孩子我特别随时照顾，稍有一些好的表现就加以称赞；稍有挫折，就百般替他开脱，替他向好的方向解说。

选手组经过训练后，要做第二次挑选。入选的人当然很高兴，落选的人便很灰心。我说，你看电视上，各种竞赛都有输赢，有的人输了好多次才争得第一名，这就是他不怕输。你们知道吗？有的人考汽车驾照，考了五次——第五次才通过。他如果怕输，输一次二次就不再努力了，结果还是不会开车。再说，你这次输了，但是你回头想想看，你的能力是不是进步了，有进步，就是最好的收获。将来就有赢的机会。现在赢的人，要再努力，要为我们班争光荣。我们也多多鼓励他们，更要在其他方面加油，替班上争取好成绩……

我有很多美劳方面的小技巧，这时正好派上用场。我带着美劳组的孩子用各种废弃物组合制造成精美的小玩意儿，成为教室布置和成绩栏的装饰。

接待组的服装、仪容、说话、礼貌、认识本班同学的家长、如何分糖果给家长带来的小小的小朋友……都仔细加以训练。

服务组，除当天各项后勤支持、服务、接待外，还要练习在准备期间如何支持其他各组……

二 运动会的考验

拉拉队，是个大组，人数多而杂，我会利用罐头盒做成打击工具，外面还装饰成五颜六色的饰物。拉拉队的训练特别用心。班呼，特别加强。

最后是善后处理工作，收拾场地，用具器材归还原处。事事都想到、说到、做到、检查到。更重要的是，在各项准备和工作当中，随时遵循民主方式和服务、礼貌、负责以及感谢的精神，让整个班级成为一个和谐快乐的团体。

3.不会教体育的体育老师

我是在战乱流亡中长大的，像体育、音乐等课都没学过。我不会教体育课，有时我会用美劳课来跟别班老师交换。运动会到了，体育老师是热门，平常答应交换的，此时也不肯了。我没有教体育的基本能力，连最简单的运动要领和比赛规则都得临时恶补。我会随时留心观察有专长的老师如何教，如何临场指导。

我不懂体育，但是我能把体育教好，让全班同学喜欢上体育课，每个人都能学会体育课该学的基本项目。我的办法是：

我上体育课，从上课前的师生共同准备、到进入活动场地、到教学开始、到结束前的余兴节目、到善后清理场地、到借用的物品归位，师生都兴冲冲地一起参加。我一向遵守教育机会均等的基本原则。不仅是体育，我班各种教学的学习机会都是公平、均等的，没有人被冷落或受优待。上体育课时，当选选手的孩子先练习一两次，算是选手训练，也是示范动作。之后，全班分两组开始学习，选手在旁等待观察。他们有时觉得无奈或无聊，我会开导他们："如果你家的小弟弟、小妹妹还不会吃饭、走路，你们吃饭走路时会不会等他。"大家当然都答说："会！"上课前，我会让选手组清查活动场地和器材，我也会复查，增加孩子的安全感。上课中，对完全不会或非常胆怯的孩子，既不会骂他们"笨"，也不会逼他马上做，更不会把他冷落在一边。以吊单杠为例，我自己不会吊、不敢吊、也没吊过。我让会吊的选手和第一组有经验的孩子练习过后，第二组是不敢吊也从没摸过的孩子，男女生都有；在我和其他同学的鼓励下，最后还剩下几个孩子怎么说都不敢摸一下。我说："好吧，你现在不必急着来碰它，先站在一边看别人做。"让他们先站在一边看。

这句话对这些孩子来说，无异是一种宽容和稳定剂。等他们看过一阵子后，我再鼓励他们试试看。单杠下面铺有海绵垫子，我让他双手抓紧单杠，我再用自己的双手捧住他的小屁股，慢慢试着叫他"用力——一只脚吊起来——两只脚吊起来——离地——离地高一点……"然后我的手慢慢少用力一点……就这样，有的孩子还会吓得脸色发青。

等到连最胆小的孩子也吊过了，我们全班欢声雷动，大家很有默契地来一次"班呼"："三年乙班，加油！加油！！加油！！！耶——"

吊单杠如此，其他项目也如此。

上课结束，清理场地，归还物品，然后排着队，背三字经或唐诗高高兴兴进教室。

我不会体育，但我能教会每个孩子基本项目的基本动作。更重要的是，我能让每个孩子都喜欢上体育课。

4.选手训练

选手训练我特别注意，最重要的是不能让孩子受伤害，包括身体受伤害和心理受伤害。我不会体育，不敢充内行。我会随时观察别班的选手训练，然后仔细观察我班选手的缺点，并试着加以改正。我不敢笃定，只是说："你试试看，这样做是不是好一点。"如果有改进，我就称赞选手。遇有校外体育观摩会或运动会，我会争取前往参观。我也会取得别班体育老师的同意，准许我班选手去参观他的教学；也会请高年级的同学到我班来示范表演，以改正我班选手或一般孩子的动作缺失。有可能的话，我更取得友善的体育老师同意，让我指派几个灵巧的孩子到他教的班级去学习，我管它叫"种子队"，学到本事后，就回到班上当体育科的小老师。

当然我也知道，运动会有竞赛性质，所以我会留意，不到同年段的班级去参观，不请同年段的体育老师指导，以免引起误会和造成尴尬。

5.各项准备工作

让孩子们在心理上、情绪上多感染一些运动会的气氛，也增加体育竞赛方面的见闻，我鼓励孩子每天看一点体育方面的电视新闻或报章杂志，或搜集、剪贴几张图片带来供班级布置用。

训练孩子们应对进退的礼貌，在各科教学时多穿插"角色扮演"方式；即使最胆怯、最欠缺语言表达能力的孩子，也设法让他有站上讲台参加表演的机会，通常会搭配一二位较勇敢、较会说话的孩子，以配合演出。

每个人在第二天都要说一句有关体育方面的话，特别是从电视、报纸上学来的。再配合"快乐时光"、"快乐卡"、"荣誉卡"等活动，让大家在平常活动时，多说几句跟体育运动比赛有关的话。

运动会当天特别需要的是饮料、小零嘴，我自己率先捐出六百元台币，再鼓励孩子请爸爸妈妈也多少捐一点。乡下孩子捐钱很困难，两个星期下来还没捐到两千元台币。我只好再捐一些，凑足三千元台币，用最省钱的方式去准备。也有些家长虽然没捐钱，却煮了一些茶叶蛋、红豆汤、绿豆汤、冬瓜茶、青草茶来，增添不少欢乐气氛。

各组准备工作除依进度准备外，特别加强检查，由学生跟老师共同检查，务必使大家都觉得满意了才行。不满意，再努力，再加强。我跟孩子们说，我们不希望得到多少奖牌，但希望大家都很快乐。

跳沙坑随机教学。夏天大太阳下跳沙坑，孩子们都畏缩不前。我这不会体育的体育老师，早就知道这种状况。首先要大家不要怕沙坑，沙坑里的沙子被太阳晒得烫烫的、谁都不敢跳。

老师先来。看我把鞋子袜子一脱，首先跳进沙坑里，还故意在里面乱蹦乱跳一通，逗得孩子们哈哈大笑。接着，大家都争先恐后地脱掉鞋袜，跳进沙坑，大跳特跳起来。

好了，不怕烫了。上正课了，这是跳远的动作，做法也和吊单杠的一样：选手组先跳，接着第一组有点会的人跳，最后是完全不会，也不敢跳的人，跟老师一起跳；老师拉着他的小手，一二三，向前跑，"跳！"旁边的同学加油打气，第一次不成，再来第二次，第三次，最后终于自己敢跳了。

大太阳下，好热啊，有的班级只见学生活动，不见老师的人影。老师呢，啊，原来在那边树下乘凉。

我不会这样。我要利用这个机会实施随机教学，实施生活与伦理教育。我让大家停一下，指着远处一群做工的朋友对孩子们说："你们看，那些人在做什么？"

"在做工。"孩子们答。

"对了，他们在做工。他们热不热？"

"热！"

"对了，他们在做工，他们也很热，他们都是别人的爸爸妈妈，或阿公阿嬷；大热天他们为什么不知道回家凉快，为什么还要辛苦做工。因为他们要赚钱，他们的孩子要吃饭，要穿衣，要上学，他们不赚钱，他们的孩子会怎么样？"

"没饭吃。""没衣服穿。""没钱上学。"孩子们争着回答。

"对了，所以，我们要感谢爸爸妈妈辛苦赚钱，我们更要认真读书，努力学习，将来成为一个有用的人，也能赚钱来孝敬爸爸妈妈。好不好？"

"好！"

有一个小不点的孩子忽然冒一句："老师，我们去替他们做好不好？"

"小成，你很乖，但是你们想一想，我们去替他们做工好不好？"

"不好。"有的小朋友说。

"为什么？"

"我们太小，没有能力，不会做。"

……

6.小的地方都要想到

捐的钱要去买东西，谁去买，到哪里买最便宜，事前都要想到。买东西是服务组的事，但是班上有一个孩子的家里是卖糖果杂货的。孩子们想法简单，到那去买就会很便宜。

我告诉他们，张家齐店里的东西不是自己做的，是从工厂批发来的，他们也要赚钱；我们如果能找到工厂，直接到工厂去买，那样才最便宜。

"老师，我知道工厂在哪里。"张家齐举手高声说，"因为我爸爸带我去过。但是……我不知道路，从哪里走我不知道……老师，我有办法，让我爸爸再带我去一趟，我留心记路，就会了。"

"好孩子，你回去试试看。"

张家齐果真回去请爸爸带他再去一趟工厂。爸爸觉得有点奇怪，几问就问出来了，原来他是想认路。爸爸很受感动，跑到学校来找我。

"老师，你真好，你是好老师，把我的家齐教得这么懂事。这样好了，看看老师什么时候要买，我带老师去，到现场自己挑选，这样又便宜、又好。我跟老师说，要在运动会的前一天去买；刚做好的，第二天就用，才最新鲜、最好吃。"

"谢谢张先生，难怪你们家齐这么乖，这么懂事，有你这位好爸爸……"

二 运动会的考验

买东西的问题解决了。还有一件事要事先考虑到，那就是饮料问题。要送食物、饮料来的人已经登记好了，食物到时候分给客人、家长、家长带来的小朋友吃就好了。绿豆汤、红豆汤、冬瓜茶、青草茶怎么办呢？买纸杯要花钱，我们没有钱。于是我从家中带些干净没用过的白纸来，拿出我的美劳本领，教孩子们叠纸杯。连到时候食物放在哪里、饮料放在哪里、纸杯放在哪里，以及用后怎么收拾，都事先安排交代得清清楚楚。

小的地方一不当心，到时候出了差错，就很糟糕。

7. 千方百计邀请家长参观

很多家长不喜欢到学校来，"理由"很多：很忙；怕捐钱；孩子成绩不好，家长没面子；知识程度低的家长不敢来、知识程度高的家长不屑来……

学校为了邀请家长来参加，千方百计、想尽办法，效果也不太好。用逼的、吓的、求的……学校对老师，老师对学生，一层一层地压下去，也没效。

我不采用高压诱骗的方式，我的办法是：

提早把运动会的消息报告出来，要孩子转达给家长，说学校和老师都希望家长来参观，而且每过几天提一次。

教导孩子察言观色。当父母忙的时候、生气的时候、愁苦或静静思考事情的时候、劳累疲倦的时候，最好不要提出要求；看准有利的时间，用最好的态度和说辞，往往容易成功。

用激将法或撒娇的方式。你们会说我知道爸爸妈妈最爱我，就请爸爸妈妈再爱我一次吧；或捉住机会，做一件让爸妈高兴的事情，再趁机提出要求。

我知道有些孩子喜欢交换饭盒吃，也知道有些妈妈彼此认识。因此我说，你吃过张妈妈的菜，不想见见张妈妈吗？你妈妈是不是很久没见到王妈妈了，正好趁运动会见见面呀……

无所不用其极地央求一位家长：陈正国的妈妈开始时怎么央求都说走不开，为拉关系，那几个月我常常想办法去他店里买东西、攀交情，称赞正国乖巧认真、功课很好、很听话、赛跑也跑得很快，这次很可能替我班争光等。越到运动会接近的日子，我去买东西越勤，三块、五块的东西都亲自跑去买。每次买东西都顺便邀请她去参观正国赛跑，给他加油。但是，千劝万劝，她不去就是不去。陈正国知道妈妈不会来后，这几天一直垂头丧气。我叫他勇敢些，不要难过，让老师再想想办法。在运动会当天，我分配每个孩子都有表现的机会，因此我告诉每个孩子，爸妈很忙，不要让爸妈等太久，你的工作或比赛在什么地方、什么时间，你就请爸妈那个时候到那个地点去，才会看到你。也告诉你爸爸妈妈，老师什么时候在什么地方，你可陪爸爸妈妈来找老师，老师有话跟他们讲。我邀请家长时也这么说，只需几分钟或顶多十几二十分钟，运动会每年只有一次，耽搁几分钟让孩子高兴高兴是值得的。这种说辞我在班上一再说，孩子们都记得了，也都照着老师的说法去敦促爸妈。

接力赛快开始了，陈正国快要上场了，他东张西望就是看不到妈妈。这时候我也快急疯了。那时候还没有手机，我跑步到办公室打电话给正国的妈妈，我声音急促，但还是好言好语地说："陈太太，这件事对正国很重要，你只需几分钟，就是现在，你现在不来，你会后悔一辈子！"挂了电话我又飞奔到运动场。就在关键时刻，正国跑最后一棒，他见到妈妈来了，眼睛亮了，泪珠快流下来了，他这次不但棒接得快，腿也跑得特别快，一口气超过两个人，结果我们得到全年级的亚军。平常几次预赛，我们顶多只能得第四名。陈正国回到拉拉队上，大家把他抬起来，又是鼓掌，又是班呼，这时候我特别介绍，这位是陈妈妈，是正国的妈妈。也介绍了其他孩子的妈妈，大家也给妈妈们鼓掌欢呼。

8. 家长表现令人感动

乡下人真热情，我班家长几乎全员到齐。有两三个孩子家里实在很穷，这次没提供任何饮食品，家长也不好意思来。事后我把这几个孩子特别叫来安慰一番，回去跟爸妈说：老师还是很感谢他们，你看你们都穿得干干净净，整整齐齐，让我们班得到很多奖，你们每个人都有贡献！回去要替老师谢谢爸爸妈妈。

我班家长到得最多，家长们的物资捐献也最丰盛。有整箱整箱的"养乐多"，有整打整打的"可乐"，有大锅小锅或整桶的绿豆汤、红豆汤、冬瓜茶、仙草冰，还有很多茶叶蛋。经济情况差的家长，也让孩子带几个茶叶蛋或三瓶养乐多。也有孩子带来两小包豆腐干，小声对老师说，这是爸爸最喜欢吃的。其他像糖果、饼干、小零嘴，也都大包小包地送来。对所有赠品我都高高兴兴接受，并让服务组登记，以各种方式或机会致谢。对那些没捐或捐得少的孩子，我特别加以安慰和鼓励。我特别强调，你现在捐一块钱，比王永庆捐一百万都有价值。等到有一天你们有钱了，你们当然会多捐一些。

9.偶发事件的处理

尽管事前千叮咛、万嘱咐，在整装出发前，还是会发生一些小状况。例如鞋子没鞋带、袜子太破太旧、衣服扣子没钉好、帽子上的饰物脱落、拉拉队的配件不灵光等。好在我事前做了一些准备。把平常失物招领过时的鞋袜拿出来替换，准备纽扣和针线，请会用针线的同学把扣子补上去等。如果事前没准备，临时慌乱了就会影响全局。

事前也曾交代当天自己不要带饮食品和零用钱。但是还是有孩子带着瓶瓶罐罐的饮料或大包小包的食品来，影响观瞻。我特别交代两位同学替他们收起来，运动会结束再还给他们。最有趣的是一位面孔特别黑的孩子，平常大家叫他"黑面林"，后来我把他改叫"黑面小将军"的林小福，他憨憨地，平时没有零用钱。运动会当天一大早兴冲冲地跑来跟老师讲，爸爸给他五十元零用钱，并掏出来给老师看。我说：你看爸爸多爱你，要收好啊。过了不久，他哭丧着脸说，他的钱不见了。旁边的同学都责备他：老师叫你不要带钱来，又叫你收拾好，你看你……我当时也愣了一下，担心这件事破坏了运动会的气氛。于是灵机一转，把小福拉到一旁对他说："学校不是每天都开运动会对不对，五十元丢了你以后还会有很多五十元。运动会过去了就没有了，老师希望你把丢钱的事忘掉，就算爸爸没给你，班上吃的喝的东西都有，你可以尽量去吃去喝，现在赶快高高兴兴跟大家一起参加运动会，好不好？"他好像很懂事的样子，

旁边的同学也一起拥着他去参加拉拉队了。

10.运动会登场了

我们班默契一向很好，运动会开始前，整队。每人搬着自己的椅子，踏着整齐的步子，读着三字经，一路走进运动场，引起别人的注目。

服务组和招待组所需的桌椅器物，早就准备齐全，摆在预定的位置上了。

团体趣味表演开始，我班孩子一出场，立刻成为全场注目的焦点，我们的帽子、手腕、脚脖上绑着彩带和铃铛，震天的一声呐喊，获得全场的掌声和喝彩。拉拉队更是出色：四梯次轮流的节目主持人轮番上阵，各有特色；有声音、有色彩的道具，在灵活的带动下挥舞着；加上悦耳的歌声、高昂的气势，无不令人激赏。更妙的是，我班的拉拉队不但给本班同学加油，即使没有本班同学参加的项目，凡是经过我们拉拉队前的，我们都为他们加油。结果，我班拉拉队得到全校拉拉队的总冠军。

招待组也很机灵，因为来的家长和小小朋友太多，来跟老师打招呼的人络绎不绝，招待组也认不清谁是我班的家长，谁不是我班的家长，反正经过的，统统送上饮料和食品，好在我们准备的和家长送来的物资充足。更重要的是，送饮食品时的礼貌、言词都经过训练，让接受的人和旁观的人均称赞不已。

接力赛和拔河是重头戏，接力赛训练期间，第二棒的李家勇始终表现得不理想，有时甚至会漏接；但选手都是经过初选复选决定的，事后也不可更换；我只好常常鼓励他："家勇已经尽力，你表现得很好，如果再努力一点点，那就更好了。"他点点头，当然也回一声："对，老师，我要再好一点点！"比赛一开始，全班的眼睛都盯在李家勇身上，他也回头看看大家；说也奇怪，到他接棒时，他竟接得既准又快，小腿也跑得比平常快。正式比赛前我班在几次预赛中都是第四名，这次正式比赛居然得了第二名。赛完后，大家一拥而上，把几个选手高高抬起来欢呼，李家勇更是受到疯狂的拥护。最后他不得不抱着头跑开，因为很多同学都一直拍打他的头。

拔河的情形也是如此。在最后压阵的"小胖"，训练时往往左右摇摆，使得重心不稳而失败。老师提醒他，你是我队的大钢钉，要钉得牢牢地，一动也不动。他点点头："对，老师，我是大钢钉，一定不能动！"正式比赛时，小胖如有神助，两条壮壮的小腿八字形分开压住阵脚，真的像钢钉钉牢了似的，结果让我班由预赛时的第三名飙到全学年的冠军。

11.全班都疯了

从早晨开始，到下午四点结束，我和全班孩子都被兴奋的气氛逼得透不过气来：有些孩子遇到紧张刺激的时刻，就忘了一切，猛吃东西、猛喝饮料；也有猛拍身边同学的肩膀，或猛捶别人的背的。我也兴奋得吃不下东西，眼明的孩子就不停地递水给我喝。说也奇怪，尽管一整天没吃东西却不饿，尽管一直喝水却没上一次厕所。

说起上厕所也很有趣，为了保持我班的秩序，我规定全班分梯次上厕所。有些孩子大概贪喝了饮料或是紧张多喝了饮料，就设法混进别的梯次里去上厕所，结果变成每个梯次都有他；有的孩子发现了就指责他，他就指指肚子，做出痛苦哀求的样子；我以为他吃坏了肚子，追问之下，才知是他的诡计。

活动结束，最后是"善后"工作。我班因事前演练、临场再三叮咛，善后工作做得既快又彻底。

我班善后工作是最先完成的。当我们整队念着三字经回教室的时候，回头看看大会场地，除了我们的活动场所清洁溜溜外，还是到处脏乱不堪；播音室还在一班一班地呼吁大家快点收拾场地。

回到教室，我请班长将我们得到的锦旗、奖杯、奖状、奖品一字儿摆开在讲台前面的两张桌子上：

全校拉拉队总冠军。

全学年生活教育冠军。

全学年拔河冠军。

全学年接力赛亚军。

其余还有个人成绩，也比预期的好。

各种战利品摆好后，先请参加比赛的同学出来，接受大家的鼓掌欢呼；再请各组同学原地起立，接受大家的鼓掌欢呼。最后我简单说几句感谢家长和同学的话。特别强调，这样的成果是大家辛苦得来的。接着是一声响亮的班呼："三年乙班，加油加油加油！啪！啪！啪啪啪！啪啪啪啪——啪啪！"

该结束了，没料到这时"黑面小将军"林小福却举手冒一句："老师最辛苦了！"经他一提，全班立即站了起来，鼓起如

好妈妈与好老师

雷的掌声，且久久不停。

12. 养成事后检讨的习惯

我训练我班同学，凡事都养成虚心检讨的习惯，也鼓励大家留心观察别人的优点。运动会第二天补假，第三天利用早上生活与伦理时间，师生共同检讨。归纳出的优缺点是：

优点

（1）我班很团结，每位同学都很尽力。

（2）无论准备期间或运动会当天，大家都很高兴。

（3）每个人都做了很多事情，也学到很多本领。

（4）我班成绩比预期的好。

（5）家长很支持，出席的家长比别班的多。

有待改进的地方

（1）运动会当天，少数同学还是出了一些小状况。

（2）拉拉队四个梯次的节目主持人，有时衔接得不好。

老师自我检讨

我不会体育，同学们的单项能力没发挥出来，老师觉得很惭愧。

这时，有一位女生叫朱晓先的忽然举手发言："老师，我妈妈说，你们老师好像铁人，难道不会累吗？"

听了这句话，我不禁落下几点泪水。说实在的，我不但会

累，而且常常累得吃不下饭，回到家中倒头就睡。但是第二天早上一起床，精神又来了。

我自幼就立志当老师，现在我如愿以偿了，当然要全力以赴。只可惜我的父母大概都不在了，我说过，我当老师后，要孝顺父母的。

好妈妈与好老师

三 有声有色的庆生会

1. 提前宣布举办日期

为了让学生早做准备，这学期的庆生会日期特别提前在开学后不久就宣布。我带的班级通常每学期举行一次庆生会，让学生轻松一下；有时候我实在太忙太累了，就跟孩子们讲清楚，这学期不办庆生会，合并到下学期一起办。这是不得已，学生也会谅解，期盼着下学期快点到来。

提早宣布庆生会举办日期有很多好处：

让师生都有默契和准备，尤其是我自己，再也不会拖拉耍赖了。

早一点分组，让各组成员早一点建立关系。

早一点开始赶教学进度，老师和学生不会临时慌慌张张；学生也不会埋怨进度太快。

各科教学呼应配合，让庆生会内容更充实、资源更多元化。

2. 分组准备

分为招待、美劳、书法、表演、服务及善后等组，推选出组员和组长。各组自行商量准备的事项及如何准备。作成决定后向老师报告，老师可建议修改，然后分头各自准备。此后老师的职责：

支持各组所需的材料。

安排各组工作场所及活动时段。

随时提醒各组掌握进度，并随时予以指导和检查。

训练节目主持人及表演人员。

随时随地给各组加油打气。

此外，我自己除了赶教学进度外，还要跟科任老师取得联系，请他们在教学时多加配合与指导学生做准备。

3. 各科教学的联络与配合

庆生会涉及各科教学，有些科目是科任老师教的，例如音乐。我事先特别拜托音乐老师，到时候一定要来指导，也分享教学的成果；我请他把"梅花"和"明天会更好"这两首歌教会教熟，当天全班合唱，让庆生会展现出全班欢乐的气氛。

我自己教的科目比较多，随时都会加以利用。早上生活与伦理的时间虽很短，我也会找几个小朋友做角色扮演。刚开始时他们都会害怕，不敢到讲台前表演，我就叫他们在座位上就地表演。表演也跟语言表达有关。我会在此时告诉他们，我们中国人都很客气，也比较胆小，到国外留学都很吃亏。不要害怕，成功的人都是学来的。不要怕别人笑，也不要笑别人，因为我们都是一家人。一家人不会笑自己家里人的。例如你爸爸喝水不小心呛到了，你会笑他吗？你爸爸会怕你笑吗？经过鼓励再鼓励后，慢慢有人敢上台了，开始时即使表演得不理想，我也会设法称赞一番。表演时我特别留意他们说话的态度、声调、口齿，这些都是指导训练的重点。

美劳科跟教室布置和当天情境的美化有关，这是我的教学科目，我特别重视。我会从以下几点着手：

师生共同搜集相关资料，包括有趣的、好笑的文章、图片等。

每人都有一本剪贴簿，将搜集来的资料剪贴进簿子里，到时候可以展示出来。这件事也引起了家长们的注意，有些家长会替孩子搜集资料，也有的家长订国语日报，以便孩子阅读和剪贴。

指导学生利用课余时间学习画画，若开始时什么都不会，就从看故事学画画做起，先从描绘着色开始，一个人自己画或同组人一起画都可以。画好了，剪贴在簿子里或张贴在成绩栏里。

带大家做纸花，不会做，先做简单的。用卫生纸当皱纹纸，加上橡皮筋和颜料，就可以做出各种花朵来。做不好的，我会替他们修正。

他们说"老师是纸花的医生"，随便动一动花就好看了。此外也会教他们相互比较，接受批评、再求改进。我更会随时要他们注意"礼貌"，老师替你修花时，你要站起来留心看；批评别人时和接受批评时，都要有礼貌，大家都客客气气。一段时日后，他们就敢做了，就有创意了，就更喜欢动手做了。

庆生会当天，来参观的老师和家长都很惊异，问我怎么有那么多花样、哪来那么多时间，怎么把学生带得那么好。我说：都是你们大家支持我的，学生是你们的宝贝，很多学生你们都教过，你们替我打好了基础，我才有办法坐享其成。这也不全是客套，事实也是如此。

三 有声有色的庆生会

4. 我家孩子的支持

我们家五个孩子渐渐长大了，拿到学位的有了固定的工作和收入；最小的还在打拼，在替指导老师当助理，也有一些外快进账。他们都很支持妈妈，平时都会买些东西寄回来让我当奖品送给学生。两个男孩更在每学期开学时寄些钱回来，指定专款专用，给学生买奖品、故事书、美劳材料。他们还说，尽管用，用完了告诉他们，他们会再补充。

听说妈妈班上要办庆生会了，五个孩子更兴致勃勃，纷纷给妈妈加油。甚至还有人说，到时候他们要从美国、加拿大赶回来，参加妈妈办的庆生会，以壮声势。那当然是开玩笑的，也是不可能的。不过他们有这份心也就很难得了。

学生所需的材料源源不绝，他们用起来不害怕，不担心做坏做错，成品的数量和花样就越来越多。因此我联想到，穷学生所以贪心贪嘴，有钱的孩子所以出手大方，都是跟他们自己所能掌握的资源有关；资源短缺的不但大方不起来，而且事事都畏首畏尾，生怕做错，就是这个道理。所以我对穷苦的、弱势的学生，总是特别鼓励他们不要怕。

5. 坏天气更快乐

我常对学生说，一年有四季，有时冷有时热；天气有好坏，有时风和日丽，有时刮风下雨。我们求学时期要勇敢，好天气固然要好好上学好好读书，遇到坏天气也不可逃避；甚至坏天气要更勤奋，更提早起床提早出门，做个勇敢的好学生。我引一首形容懒学生不想读书的打油诗给大家听：

春天不是读书天，

夏日炎炎正好眠；

秋有蚊虫冬又冷，

要想读书到来年。

学生听懂了，都哈哈笑起来。

我希望学生早起床早到校，我自己就提前出门提前到校，无论好天气或坏天气，我班第一个进教室的通常总是我。庆生会准备期间，遇上坏天气，大部分学生都能像平常一样，按时到校。因为有很多准备工作要做，天气坏跑不出去，正好在教室里活动。唱歌、画画、做纸工、吟唐诗、说绕口令、练习主持节目和表演等，不但不受坏天气的影响，反而显得更快乐。

一天有个好的开始，这一天就会过得很高兴；庆生会有好的准备就是好的开始，会办得很出色。这是我经常挂在嘴边的说辞。

6.三个大蛋糕

谚语说："争则不足，让则有余。"为什么会争，还是起于资源不足。基于这个理由，我班每次办活动准备"吃"的东西时，我都特别准备得很多、很丰富，总是让大家吃个"够"，最后还有剩余的可以带一些回去跟家人分享。

这次庆生会买了三个大蛋糕，每个直径大约一尺二寸（40厘米），四百元台币一个，由学生决定，分巧克力、水果、奶油三种，让大家各取所需。再加上当天必定会有家长送各种饮食品来，到时候物资丰富，学生才不会争先恐后、争多嫌少，或担心吃不到。

7. 家长的热心

经验告诉我，很多家长都很热心。为了避免同样的饮食品送太多，除了先做一次调查看看哪些家长会送来什么饮食品外；我还向学生宣布几点意见，请学生转达给家长；有的学生可能说不清楚，我便在家庭联络簿上特别写出来，请家长配合。我的意见是：

1.远道的同学，请家长不要送汤来。近的同学送汤来，一家也不要送太多，以免搬运困难，容易翻倒或被烫到。

2.送蛋的家长，请送煮熟的白蛋，并请把蛋壳染红，表示庆生的喜气。

3.同样的食物，一家不要送太多，例如红蛋，一家若送来一百个，别人就没有送的机会了。

家长热心，送的饮食品五花八门，有红蛋、茶叶蛋、炒面、炒米粉、油饭、豆浆、豆花、酸梅汤、红豆汤……都是亲手做的，也有在市场买来的。有一位家长送来了五十份三明治，也有送五打"养乐多"的。

那次活动是在第一学期举办，天气很热。有一位热心眼尖的家长发现教室没有电扇，就发动几位要好的家长合伙买了两台电扇，在庆生会的前一天送来。并声明，这两台电扇跟着王老师走，王老师教哪个班，电扇就跟着到哪个班。这是全校最先有电扇的班级，学生都很高兴，很感激那几位家长。

　　家长的热心也表现在"送"食物的方式上。每个人都很忙。有位家长煮了很浓的冬瓜茶，用大汽油桶装着送来，还附带赠送几块大的冰块来。有位家长煮了一大锅红豆汤，送到校门口就走了；我叫她的孩子和另一位同学去抬回来。我怕烫到他们，就掏出手帕来教他们，怎样用手帕包住锅子的把手，两个人怎样抬着锅子向前走，还让他们表演一次给我看；抬回来后，除了称赞他们外，并指出：这就是"朋友"的重要和"合作"的重要。有一位住在两公里以外的家长，亲手捧着一锅豆浆，步行送到教室来，真令人感动。

　　也有人把整套音响搬来。也有家长负责照相或录音、录像的。

8.不冷落任何一个学生

　　班上有几个家境很清寒的学生，每逢有乐捐或捐献食物时，他们都拿不出来，都觉得不自在。这次庆生会，其中有一个学生拿了三个红蛋，怯生生地送来；我摸摸她的头，谢谢她妈妈；又说："等一会你要多吃一个啊，但不要把肚子吃坏哟。"有一个学生捐不出钱，我偷偷地告诉他，老师给你一块钱，你捐出去，就说是妈妈给的，表示你也参加了这次有意义的活动；他没接受老师的钱，第二天带来五块钱捐出来，我见了先对他笑笑，又抱抱他，又用下颚碰碰他的头；并公开对全班同学说，某同学的五块钱比王永庆捐一百万还有价值；而且老师相信，等他长大了赚钱多了，他就会捐更多。有一个孩子没登

三

有声有色的庆生会

记要捐任何东西，当天却拿了一瓶养乐多来；我很感动，也抱抱他、摸摸他的头。

我这样对待学生，不让任何一个学生被冷落或被同学歧视。如此他们在班上才生活得很快乐，他们在参与活动时才很自然。同时也养成学生有爱心、热心公益、不互相排斥的好性格。

9. 当天的教室布置

几个月的忙碌都为这一天。当天的教室布置是活动的重点之一。在此之前，我班的学生园地每星期更换一次；接近庆生会了，每星期换两次，当天的园地当然面目一新。再就是教室天花板下面悬挂彩球、彩带，教室门口张贴当天活动的大型广告，教室前面的黑板整版彩绘，全面清洗的课桌椅摆成一个U字形，教室后面一排桌子上摆的是学生的剪贴簿，喝饮料的纸杯、盛垃圾的八宝盒、点缀桌面的各型纸花、下半年生日的同学每人佩戴一朵大红胸花、节目主持人佩带着特大的胸花、表演时用的道具、花环……一切都是学生自己做的。

10. 活动盛况

节目主持人分三组，每组二人，轮流主持，让更多人有表现的机会，活动的重要项目是：

全体唱"生日快乐歌"。

各组表演，包括角色扮演、背诵唐诗、唐诗吟唱、绕口令、叠纸花、舞狮、拳术……

团体合唱：全班合唱"梅花"、"明天会更好"。

切蛋糕，由校长和老师主刀。

摸彩。

在节目进行时，有家长或别班老师进来，活动就暂停，大家鼓掌、唱欢迎歌。事前训练说话、礼节、笑容，使整个活动轻松、愉快、自然。

11.喜气满校园

训练学生说话、礼貌、笑容等，是做人的基本条件，随时随地都用得上。为了让全校都分享到我班庆生会的喜气，当天朝会时我特别提出报告，邀请全校同事光临参加，还特别去守卫室邀请守卫先生和工友小姐；事前并分配学生去请教过他们的老师，请他们来看看他们曾教过的学生，也来分享学生的快乐。未能到现场来的，便将各种饮食品分成一份一份，和学生自制的纸盒餐具包装好，叫学生送到他们的面前。班上小朋友有哥哥、姐姐或弟弟、妹妹在本校上学的，也请小朋友去把他们请来。

家长更是邀请参加的对象。特别希望家长当天能请老奶奶、老爷爷来，或把小小孩带来，增加欢乐气氛。

有好几位老师进来后，就陪着学生一起表演，或当场唱歌、耍特技助兴。

夸张一点说，我班这场庆生会似乎让全校都感染到了喜气。

12. 检讨

优点

（1）能提早宣布，使师生早作准备。

（2）能分组准备，养成学生分工合作及自立自主的习性。

（3）能兼顾到各方面的配合与互动，如科任老师、学生家长等。

（4）能让全校都感染到喜气。

（5）家长热烈支持并乐于参与，对师生都有很好的影响。

（6）善后工作做得很好。剩下的食品让清寒的学生带回家，是很好的做法。

待改进事项

（1）家长捐助的饮食品超过预计，增加了处理上的困难。

（2）老师自身没有康乐方面的技能，不无遗憾。

好妈妈与好老师

四 一项有效的教学

1.教写毛笔字是件头痛的事

依照相关规定，小学三年级开始，老师就得教学生写毛笔字，而且要注意到正确的执笔、运笔方法。

写毛笔字教学，跟其他科目的教学最不一样的是，要指导刚刚升上三年级的孩子准备毛笔、墨、纸、砚台，过去学生家里都比较贫苦节省，买笔、墨、砚台、纸张都成问题，便宜的毛笔不好用，或用几次就脱毛不管用了；有墨汁，但用墨汁比较贵，所以很多孩子还是用墨条；用墨条就必须有砚台，砚台和墨条跟毛笔的情形一样，好的砚台和墨条虽好用，但是贵；而教学生磨墨又是令老师头痛的事。这些难题要能一一克服，老师才能开始教学生写毛笔字。

老师头痛，小朋友更头痛，写毛笔字一定会碰上墨、碰上墨难免会造成污染，手、脸、衣服、桌椅、地面，一旦被污染，就会被老师或家长骂，甚至处罚。小学老师的首要任务是，设法让每个孩子每天都高高兴兴上学、快快乐乐回家。有了写字课，老师和学生都不可能高兴快乐，除非老师挖空心思，费尽力气。

2.从充分准备开始

"好的开始"是成功的一半，"好的准备"是"好的开始"

的全部，毛笔字教学如此，其他科目教学都如此。

毛笔字教学的准备，我从三方面进行：

心理准备

一般学校三年级都是重新编班，孩子们到了新班级，换了新同学、新老师、新教室，既感新鲜有趣，心灵上也有几分陌生害怕和不安全感。这时候老师就须从"安定军心"下手，写毛笔字就是我用来安定军心的武器。我教任何科目都不是一开始就进行教学活动，而是从一些前奏工作开始。用写毛笔字安定军心，我会特别强调这是一项新鲜有趣的学习。并调查一下谁家里有挂字画，谁的父母兄姐会写毛笔字，以引起他们对这项学习的期待和兴趣。在上国语课和生活与伦理课时，我会随机讲一些和书法有关的故事。我还会进一步指出，常常练习写毛笔字，不但可以把字写好，还可以训练一个人有恒心、有定力、说话做事从容不迫，成为一个有教养的文明人，而不是粗野的野蛮人。我观察一两天后，会随机叫出几个比较文静的孩子，我像个预言家似的，对大家说："像张小琴、李幼芬、王守静他们几个，读书做事很安静，将来学写毛笔字，进步一定很快。"接着又说："你们见过喜欢打打闹闹、吵吵闹闹的人，他的毛笔字写得好吗？那是不可能的。因为写毛笔字前先要定下心来，再慢慢练习，才有可能把字写好。"这是心理建设，让他们对毛笔字不排斥、不抗拒，并慢慢对它产生好感，因而高高兴兴学习，且在班上发挥"安定军心"的作用。因此我在每次写字教学开始时，都会叫他们先坐好，再静静做几下深呼吸，把心神定下来。

工具准备

所谓工具准备，就是一般所谓文房四宝的准备。我会适时介绍文房四宝的来历和普通常识，也会搜集一些实物和图片、书画集、字帖摆在教室后面供大家欣赏认识。也随时讲一些有关故事，并适时提请家长替孩子做准备。

课前准备

上第一次写字课的前两天，我就提醒学生看看功课表，有时我会叫几个学生起来问，第一次写字课是什么时候；并问他工具准备好了没有。特别强调：这是第一节写字课啊，你们要准备当王羲之啊，准备好了没？还交代他们，如果明天是写字课，希望你们提醒老师，当天分家庭作业时要少分一些，让你们有时间准备工具。到时候果然有学生提醒，我就奖励他。我也绝对守信用，前一天少分一点作业。并当场叫几个学生来复述一下明天要带哪些工具和相关对象。相关对象指的是旧报纸、卫生纸、抹布等。又叫几个学生问一下，这些工具和物品是做什么用的，看他们明白不明白、记得不记得，也表示老师的看重。

第二天，就是第一次写字课的当天，我在早上的生活与伦理课时间检查孩子们的写字用品有没有带齐全；凡是不齐全的都要设法予以补救。补救的办法是，像墨汁、墨条、砚台、卫生纸、抹布、报纸等，能向同学借用或商请共享，就借用或共享；离家近的请家人送来，或回家吃午餐时下午自己带来；真正没办法的，说明原因后，老师会将早已准备好的"备份"有条件地借他用，让他以后不再犯同样的毛病。

这样的准备虽然很繁琐漫长，但对写字教学来说，却是非常必要的。这也就是"好的准备"，是"好的开始"的全部意思。不但写字课教学如此，其他教学也如此。

3.这是有效的教学

小学老师工作繁重，如果教学方法不好，教学活动结束后会产生一些新麻烦；如果再无暇处理，日积月累，不但教学效果会大打折扣，甚至会产生负面效果，对师生双方都不利。

什么是有效教学？消极方面不会替自己增加麻烦，积极方面对本科目教学有正面效果，连带着还会对学生其他学习有好的影响。像写字教学，我步步为营、慢工细活、稳扎稳打，看似费时费力，实则一劳永逸。我的教学过程是：

磨墨与试笔

写毛笔字时墨会扩散，是教学上的一大难题，我采用试笔纸后，问题就解决了。准备工作时学生都带墨条、砚台、墨汁。我告诉他们：墨汁很方便，但大书法家还用墨条磨墨，他们认为磨的墨是"活墨"，写的字才鲜活细致，你们将来可能成大书法家，所以老师也教你们怎样磨墨。三年级孩子没耐心，教磨墨时只叫他们倒一点点水在砚台里面，然后手持墨条，竖直，在砚台中心正转反转，直到砚台中心能留下墨条划过的痕迹，表示墨已磨熟了，可以用了。为证明是否可用了，我指导孩子们用卫生纸来试验：用毛笔蘸一点墨在卫生纸上"点"一下，墨不会扩散，就是可以用了。后来发现卫生纸跟写字纸有差别，干脆用写字纸当试笔纸，方法是：把写字簿一裁为四，装订成四份，每一排发一份，每个孩子用一页，让他们在自己那一页上写上排别和姓名，以后自己就在那一页上试笔。使用墨汁的孩子也要试笔，因墨汁有好有坏，试了才知道可不可用。这样一个小小的试笔纸的运用，又增加了孩子们写字的趣味。

示范、描红和背字帖

我是在抗战流亡中长大的，所以字没学好，这也是借口。第一节教写字很重要，经过充分准备后，我叫孩子们先在自己桌子上铺一张旧报纸，再将笔、砚、墨准备妥当，将写字簿、写字模板摊开放在适当位置。都准备好了，才开始讲"九宫格"的作用。随后在当时用的黑板上画出九宫格的样子，用大约1/3段的粉笔平贴在黑板的九宫格上，写出两三个字，让他们看清楚每个字的架式，每一笔画在九宫格上的位置；看清后再闭上眼睛想一想，用手指头在面前的写字簿上"写"一写，再睁开眼看一看；老师再把黑板上的字擦掉，再让孩子用脑子想一想、用手画一画：这就是"背字帖"的意思。他们觉得很有趣，就高高兴兴跟着老师学写毛笔字了。第一节是关键，我只让他们写一页的1/3就停下来，让他们产生"意犹未尽"的意念，为以后的学习留下美好回忆和期待。

紧凑的教学过程

教学过程紧凑，不拖泥带水。从写字课的前一节开始，就提醒他们做好各种准备，包括上课前到厕所去小便，因上课钟

四　一项有效的教学

一响须分秒必争，没时间去了。我在写黑板示范时，要求他们留心看：闭起眼睛默想，再睁开眼睛看，都限定时间。接着是指导坐的姿势、执笔的姿势、蘸墨的方法，起笔落笔的方法……一步接一步，直到下课善后为止。不过我也会留意，只在内心里分秒必争，表面上还是气定神闲，因为写字就是培养静、定、安的气质。

随时兼顾情操学习

任何科目的教学都不可忽略情操学习。我在写字教学时特别重视分工与合作的情操，并借机养成心胸开阔、不斤斤计较、以促进团体和谐。写字课需带很多东西，开始时我要求每个人都带齐，自带自用；稍后我会慢慢暗示，如此人人带很累赘，如果同桌约定，二人分别带、共同用，就会减少一些麻烦。经鼓励一两个桌子实施后，逐渐推广到全班。最后还是有几个孩子不合作，我就故意借口老师忘记带铅笔或橡皮了，向他借用；第二天又说老师不小心把他的铅笔或橡皮丢了，就再赔他一支更好的铅笔，或一块更大的橡皮。我也借机鼓励同桌之间互相借用，耳濡目染下，他也慢慢愿意与人分工合作了。

很多班级活动我都推动分工合作，渐渐地，我班的团体气氛都开朗灵活起来了。

丘吉尔也派上用场

三年级孩子分不清什么是决心，什么是恒心，我除了讲一些与写字有关的，如"写完了一缸水"之类的故事外，又讲一则据说是英国首相丘吉尔的戒烟名言："戒烟是很容易的，我已

好妈妈与好老师

经戒了一百次。"意思是下决心戒烟很容易，能不能成功，要看你有没有恒心，能不能坚持地戒下去。

三年级孩子有的也很机灵，自从我讲过几次决心与恒心相关的话题后，当我再用"希望"大家如何如何时，有的孩子就会举手发言："请老师以后不要再说'希望'了，要改成'一定'，只要老师说'一定'怎样怎样，我们就一定会做到的！"

每个人都写大张了

我引导孩子学习的基本方向是，第一步使他不拒绝、不排斥学习，第二步是设法使他们产生学习的冲动和意愿，最后一步使他们自动学习和喜欢学习。小学儿童的课业压力很重，老师的工作负担更重。我除了设法让孩子喜欢写毛笔字外，更得留意不要增加自己和孩子的负担。在此基本理念下，刚开始写毛笔字阶段，除每周一节写字正课用心指导他们外，并在每周三、六的家庭作业中预留一点写字时间，让他们自己在家里练习。将学生分两组，学习意愿高且较伶俐的一组，每人每次写八开纸一大张；另一组则每人每次写十六开纸一小张。这样做的好处是，既养成自动学习的习惯，又不勉强要求一致化，以适应个别差异。家庭作业练习用纸是全班统一购买，普遍供应的。

让我意外的是，这样粗糙地实施分组学习后，对孩子们却产生了一种激励作用：经过一段不太长的时间后，写小张的孩子也纷纷要求写大张了。最后每个人都改写大张了。可见预留弹性空间的方式是对的，更证明每个孩子既好强好胜且可塑性很大。

（四）一项有效的教学

4.保持良好的学习兴趣

跟三年级孩子讲恒心，其实还是不太容易的。因此我又采取几项办法，以维持他们良好的学习兴趣，保持较高的学习效果。

环环相扣的订正方式

老师实在无法订正学生的全部作业，全部由老师一一订正的效果也不一定很有效，因此我采用：

写字正课的作业当场普遍个别订正，先写完的人，排队，依序等候老师订正。为了维持秩序和节省各人时间，排队等候的人以三人为限。订正后，回到座位对照模板多看几遍；有时我叫他说出老师改正或打圈圈的原因。

写字的家庭作业由自己订正，找出一两个字的好笔画，或一两个字，用红铅笔在旁边画个小叉叉，或打个小圈圈。老师再每天抽查一排或轮流批改一排，对自我订正特别正确或偏差太大的，我会叫他来向我做说明。我将这种做法说成他们是自己的"小老师"，大家都很高兴。

在个别订正或自我订正中发现特殊的事例，将作品公布在黑板上，请大家欣赏或共同订正。

作品公开展示

作品展示是另一个维持学习兴趣的办法。展示的场所和方式有二，一是张贴在成绩栏内；二是个人家庭作业装订成册，加上封面，展示在教室后面的成绩资料架上。资料架上的成绩品长期展示，学期结束时由各人收回保存。成绩栏分为"关心天下事"、"活泼的头脑"、"灵巧的双手"三个区域，每星期一利用升旗时间由当天值日生负责更换；事前经过训练、示范、指点，当天将相关资料分配准备好；如果当天的两个值日生比较弱，他们可以请一个朋友帮忙。这虽是一件小事，但却引起孩子极大兴趣，大家都期待星期一当值日生。

得意的时刻，参观欣赏展示品

参观欣赏是整个教学活动的一部分。各科教学都如此。不能流于形式，要有实质意义。因此，事前须经一番设计与引导。我让孩子们假装自己是电影电视明星，老师是导演，明星们要跟着老师编排的剧情表演出适当的表情：参观儿童乐园了，大家嘻嘻哈哈、说说笑笑；参观孤儿院了，大家满怀同情、心情沉重……平时角色扮演时也常常如此表演各种角色。

写字作品欣赏是大家期待已久的，作品展示出来了：这是第一种展示方式。整洁活动、生活与伦理时间很快做好做过了。于是全班起立，轻轻喊一声："得意的时刻开始！"每个人都笑容满面，一排一排依序缓慢前行；走过成绩栏和作品展示架，可以小声说笑。我规定每个人除了自己外，另外要记得一位作品展出的同学名字。

最后一个过程是，有作品在成绩栏展出的同学出列，排在讲台前面，表演我们发明的精彩镜头：依照顺序，每个人举右手，报出自己的姓名，全班同学鼓掌，并齐声喊："加油！加油！加油！"

重要的是，在各科成绩展示时，我会让每个孩子都有展出的机会。我深信，在我班上，每个孩子都是我的宝贝，都有高兴喜乐的权利。这也是维持学习兴趣的最佳方法。

5.好的善后才是有效教学的完成

善后处理不当，不但会影响教学效果，也会给师生带来麻烦。写字教学的善后处理有以下数项：

家庭写字作业的处理

老师要养成尊重学生作业成品的态度，并养成学生珍惜、保存自己作业成品的习惯。对单张写字课的家庭作业，凡经过展示的，展毕发还学生，要他在作业边上固定的位置写上姓名及展出年月日；连同其他未经展出的，每个月装订成册，陈列在教室后面的成绩资料架上：这是第二种展示方式。既有鼓励作用，也可自我比较或相互比较。一个月过去了，新的一册替换旧的一册，旧的一册收回去保存。必要时，我还会抽查一下他们保存的情形。

共同写字作业的处理

学校代办的写字簿是写字正课用的，为了保持簿本的整洁美观，我和孩子们发明了"包装美容"的办法：新的写字簿（各科作业簿亦如此）发来后，我要他们用一张白纸做个假封套（不准去书店买封套），用小回纹针夹好，形成保护膜，学校检查时，将假封套取下，簿本还原，像新的一样。后来孩子们觉得白纸做的假封套不好看，于是开始替它美容：大家各自设计、着色。接着利用美劳课，也替其他簿本美容。美劳课有了新题材，孩子们的兴趣更高了。完成后的各科作业簿封面五花八门，在班级庆生会时展示出来，学生、家长和其他班级师生见了都交口称赞。

写字正课的善后处理

写字正课开始前，将学生分组，四人一组，共分四组，两个人负责提水，另两个人负责倒掉剩余的墨汁。盛水前，水桶先套上塑料袋再盛水，以免墨汁污染水桶。快下课前，先写完也批改完的，先到水桶中去洗笔；大家的笔都洗过了，再依序将砚台中的墨汁倒进水桶里，由另两位同学将水桶提到厕所里，用手抓住塑料袋，将墨汁倒进马桶里，随手就按钮冲水，以免污染便池。塑料袋还可再利用。刚开始时，所有过程我都讲清楚，并亲自带他们洗笔、倒砚台中的墨汁、将墨汁倒进便池等。熟悉后，才由他们自己去做。

孩子们的个别善后工作，在洗笔、将墨汁倒进水桶里；然后要他们用原先铺在桌子上的旧报纸将砚台擦干，用带来的抹布将桌上的墨迹擦掉，将洗过的笔擦干，最后将笔和砚台装进自备的塑料袋里，写字课才告一段落。

6.写字教学的检讨

优点方面

（1）全班孩子都喜欢写毛笔字了，并能长期维持良好的学习兴趣。

（2）写字教学的课程目标，认知、情意和技术操作学习大体上都达到了。

（3）写字教学能与其他科目结合，并培养了良好的团体精神。

缺点方面

跟体育科教学一样，因为自己毛笔字写得不好，所以未能培养出杰出的小书法家。

五 有趣的个案

1.不吃蛋的小精灵

很多孩子挑嘴偏食，更不知珍惜食物，整块的鸡腿、炸排骨、鲜美的苹果咬一口，都向垃圾桶丢，看了真不忍心。但是到了麦当劳、肯德基又什么都吃了。

有一个小女孩，妈妈做的煎蛋、炒蛋、卤蛋、茶蛋什么蛋都不吃。妈妈拿她没办法，跑来跟我说，千万不要劝她吃蛋，越劝越糟。好吧，不劝就不劝。

但，小三的孩子毕竟还很小，老师想"拐"她并不难。上学期大家吵着要办庆生会，我实在太忙，拖着赖着不办；最近工作上轨道了，抽个时间办个班级庆生会也不错。于是我对大家宣布，下星期六上午我班办庆生会。大家听了，非常高兴。不过我宣布，回去跟家长说，水果、饮料、小零嘴，什么都可以送来，只是不准送蛋来，所有的蛋和蛋制品都不许送，因为老师要亲自做一种我王家家传秘方五香松软、新鲜可口的茶叶蛋，每个人只准吃一个。这种蛋很奇怪：蛋壳不必打破，茶叶作料香味就可以跑进去；蛋熟了，蛋黄蛋白还是软软嫩嫩的。我强调：我这家传秘方不随便传给别人；如果想学的话，我看看我班四十几个人，我只传给三个家长；要在庆生会完毕，真正喜欢吃这种蛋的小朋友，陪着家长到老师家里，要先跟我约好时间啊，然后每次一个，传给三个家长；而且三个家长要保密，不准再向外传。

我故意把它说得很神秘。

下星期一开始准备，全班动员，桌椅全面擦洗，地面一尘不染，教室重新布置，挂彩球彩带，门口和黑板上贴两大张海报；家长要送饮食品来，请先到服务组登记，欢迎家长来参加，一起同乐。

由班上名嘴当节目主持人，请康乐组安排表演节目，一切活动都像办喜事一样。等啊等啊，终于星期六这一天到了，唱欢迎歌、跳大会舞……休息时间要先喝饮料，再吃老师亲手调制的祖传茶叶蛋；我特别再讲一次：每人只准吃一个，吃时要小口一点，才会品尝出它的美味。那位最挑嘴、最不喜欢吃蛋的陈金凤，也喜吱吱地拿了一个蛋，站在墙角三口两口就把蛋吃掉了。她妈妈站在我旁边，用手肘碰了碰我，我们相顾会心一笑。

更奇怪的是，两天后，她真的陪着妈妈来向老师学煮这种独特的"祖传"茶叶蛋了。

2. 真实的生活教育

每年五月起，天气渐渐热起来。儿童好动，没到中午就叫着口渴。学校虽供应开水，但不够喝，这时就显得心浮气躁。做老师的发现问题就赶快设法处理。稍加思考后，我想出一个让大家喝冰水的主意，而且清冰、水果冰、仙草冰轮流吃。

小三的孩子听话，但能力有限。老师叫他们做事，就得事先规划好。决定吃冰水后，就指导他们怎么做。从开始做到完成，都是真实有趣的生活教育，这个活动才有意义。

准备用具

主要用具是两个大塑料桶，要用全新的，这样才显示受到重视和讲求清洁卫生。买塑料桶的钱二百元台币，老师捐五十元台币。我说，这二百元台币也可以由老师全捐，但那样你们就不关心了。结果两天内就捐齐了。其他大瓢、小勺、抹布、刀子等由老师家带来。

征集材料

主要材料是冰块，为了卫生，也为了让孩子们学着做事和关心班级事务，希望由路程近的人利用家中冰箱自己做冰块带来。做冰块的水要用冷开水，这样才卫生。后来远道的同学不甘心，做了特大块的冰块，加了两层塑料袋带来。

分工合作

我班已有分工合作的经验。这次是，星期三、星期六读半天，不做冰水。其余四天全班分二组轮流，一组带冰块，另一组服务，每两周调换一次。

服务工作包括事前清洗水桶、装半桶冷开水；另外准备半桶生水以备洗手和洗抹布用；其他事后的清理、回复原状等，都是服务组的工作。

生活教育

带动孩子们喝冰水，为他们消暑解渴，固然是关心他们的学校生活，更是施行生活教育，一种活的、愉快的、有效有趣的生活教育。重点包括：

老师事事以身示范：买水桶时率先捐钱；后来改吃水果冰，老师率先提供水果。

注重清洁卫生：用新的水桶；工作前和吃前吃后一定要洗手；担任洗水桶、拿冰块、削水果、切水果的人，除须洗手外，还要剪指甲。洗手、剪指甲要互相检查，老师还要复查。

培养工作能力和服务态度：全班动员，人人学习做事；服务股和总务股负责买水桶，要货比三家不吃亏，要买没毛病、不漏水、有盖子的水桶。

欢迎家长参与和协助：我班每次办活动，我都欢迎家长参加，为的是希望家长关心孩子的学校生活。这次吃冰水、水果冰，我特别请几位平时关心的家长指导孩子做冰块、买水果、买仙草，钱都由老师出。有些家长也主动买水果、送仙草来。这些，我都向全班宣布，要大家鼓掌谢谢。

灌输正确的热心公益的观念：热心公益，不在捐钱多少。老师相信，将来张同学有钱了，他会比谁都慷慨。因此每到学校有捐钱活动或我班自己办活动时，我班总是"每个人"都捐钱，但捐钱的"数目"总是不如别班；因为我班家长没有特别有钱的人。

工作方法的指导：每一工作细节都详加指导，安全第一，特别是削水果、取开水、刨仙草时。

吃的礼仪指导：为了避免争多嫌少、抢吃抢喝、丑态百出，我班每次办庆生会、同乐会或野餐烤肉活动时，饮食品都准备得特别丰富，让他们吃喝不完还有带回家给家人分享的份儿。吃前约定，从上午第二节下课后开始，自备杯子、用勺子舀、避免撒在地上；可以说笑，但吃喝时最好不要开玩笑，不要有

好妈妈与好老师

很大的声音；不可浪费，不可吃坏喝坏肚皮……记住，我们是"文明人"，不是"野蛮人"。

用最好的教学方法来教生活教育：我每每相信，世上没有最好的教学方法，但有最坏的，那就是长期使用同一种方法而不加改变。基于这一原则，我带动全班吃冰水时即常常改变。包括由冰水、水果冰、仙草冰轮番吃，全班分两组、每两周对调一次，工作方式的改变，传递东西时常采用接龙方式，老师也加入；夏天喝清凉的，冬天改喝热的玉米浓汤或酸辣汤等。

制造欢乐气氛：在工作过程中，老师是导演兼演员，一遇机会就可制造欢乐气氛或高潮。例如，我会表演切水果的技术给孩子看，切得又快又好又准。有一次切西瓜，几个参与工作的孩子露出想吃的样子，工作完了我就每人分一块让他们尝尝；有个孩子吃完一块意犹未尽，我就故意又切了一块又大又不规则的给他吃，限他几分钟吃完，瓜汁不可滴到衣服上或地上，还要吃得干净利落；当时他那副窘相逗得大家捧腹大笑；吃完后我又故意逗他，要不要再来一块，他赶快摇头举手，表示投降。

3.一句话的效果

小学三年级通常会重新编班，初接班级时总会纷扰好几星期。带联课活动更麻烦：来自不同班别的孩子，人头杂、事情多，扰扰攘攘两小时一晃就过去了，孩子往往什么都没学到。我常为此困扰。有一天我从一篇文章中得到启示，就用"文明人"和"野蛮人"作比较。学期开始刚接联课活动的几天，每节课我都会找机会跟孩子们谈谈文明人和野蛮人的区别："文明人是守规矩的人，野蛮人是不守规矩的人。我们上课时喊'起立、敬礼、老师好'，下课时喊'起立、敬礼、谢谢老师'，老师和小朋友都站好，相互行礼，这就是守规矩，这就是文明人的表现。如果上课时不行礼，下课时一哄而散；或是老师在上课，小朋友在教室里跑来跑去或吵吵闹闹，这是文明人或野蛮人？"孩子们都应声说："野蛮人！"

说也奇怪，没想到就这么几句话居然有用，无论对自己的班级或是联课活动新组合的班级，孩子在各方面的表现居然都有显著的改善。

有此效果，我很高兴，以后就更进一步将这种对照说法应用到日常生活的食、衣、住、行、工作、交友、参观旅游、在公共场所以及对待父母师长的礼节和态度上。而且很多时候我只需简单地提出一个项目，例如"吃饭"，孩子们自己就会对照比较，说出文明人和野蛮人不同的地方；而且绝大多数孩子都能在行为上小心翼翼地表现出文明人的样子来。当然，开始时有的孩子表现得不自然，有些孩子还有点羞涩，有人甚至弄巧成拙；例如张大为这孩子，手脚本来就笨拙，他为了表现吃饭不发出声音和不掉饭粒的好行为，结果不但被呛到，而且还把饭盒掉在地上。有些孩子就笑他。这时候，我又抓住机会做比较了："各位小朋友，文明人是不是可以随便耻笑别人呢？"我话没说完，就有人举手发言："随便耻笑别人，是野蛮人。""文明人应该有同情心，不随便耻笑别人。"

我最后归纳一下："文明人处处都会为别人设想，野蛮人常常只是想到自己。"我只是个小学老师，不知这样的归纳对不对。

4.扫厕所也能扫出趣味来

学生都讨厌扫厕所，老师也讨厌自己班级分配到扫厕所。可不是吗，连训导处也常常"处罚"学生扫厕所。扫厕所是处罚，不是奖励，谁还乐意去扫厕所呢？如果老师说，扫厕所很有趣啊，请跟着老师来吧。学生和家长一定会说老师脑袋有毛病。

事实上，我的确带着学生扫厕所，扫得很有趣。往年我班都分到一间厕所，今年有点特别，分两间厕所给我班扫。有些学生家长向学校抗议。我劝家长别抗议，也别担心，我会带着孩子高高兴兴地扫厕所，不会有问题的。

首先是任务编组，每组五人，有强的、中的、弱的；有勤的、惰的；有聪明伶俐的，也有不推不转、甚至推也不转的。编组后实施训练，每组五人分担五项不同的工作，工作项目相同的集中训练一次，每组五人再训练一次。重要的是，小三孩子还小，每个动作都得亲自做给他们看。老师更得陪着他们做。这都没问题。不同的是，我喜欢尝试改进，我想试试看让孩子"喜欢"扫厕所，不知有无可能。小三孩子实在太小太弱了些，他们遇事不知从何处下手，必须老师带着做才行。任务编组、分配、训练、试做后，就带着组长到学校总务处去领消毒剂，指导他们加水、稀释、使用；老师又自己花钱买来几打卫生口罩，让他们打扫时带上；又告诉他们每人准备一双塑料拖鞋；打扫前男生把长裤卷起来，女生把裙子撩起来，穿上拖鞋，装扮成一个像样的卫生队员的样子。

我对他们说："千万别小看卫生队员啊！他们做的是神圣的工作：他们是环境的美容师，像打扫街道的清道夫、清理下水道的工人、开着垃圾车叮叮当当到处收垃圾的叔叔、伯伯、婶婶、阿姨；还有那些把又臭又脏的河道清理干净、起死回生、让鱼虾海鸥再度出现的专家。没有他们，想想我们的生活环境会变成什么样子……"这一番讲话他们似懂非懂，但结果却出人意料，孩子们做得特别起劲，扫厕所变成大家期待的有趣工作，我班负责的两间厕所也打扫得特别干净；家长也不再向学校抗议了。

5.五分钟的快乐时光

想想看当老师多神气又多神奇，全世界居然有1/4的人围绕在老师前后左右，这1/4的人现在高兴或痛苦，乃至未来他们的人生是快乐或不快乐，几乎都掌握在老师手上。这个权势太大了，大得有时连我这身为老师的人都感到不安甚至恐惧。

老师有权力化痛苦为快乐，或化快乐为痛苦。包括学生的和老师自己的。其实老师是最有资格让自己天天过着快乐的日子的，只看你自己如何安排和支配。就拿"快乐时光"这件小事为例吧。

每天下午放学前的五分钟，全班孩子在走廊上整队，等候放学。在学校过了一整天的孩子，这时候都显得有点心浮气躁：不是你推我一把，就是他拉我一下；再不然就是故意大叫一声，制造事端，引起老师注意骂骂他。这样似乎也比呆在那边苦等要好过些。这就是孩子和老师的"痛苦时光"，短短五分钟都不好过。待我渐渐感受到这件麻烦事步步进逼后，先是实在拿不出什么好办法，没有好办法，就用"老"办法：骂呀、凶神恶煞般吼哇、放狠话呀；再不然就是"令牌"侍候哇！到了这步田地，老师和孩子都感到痛苦难挨。

我的信念是：孩子有权利"快乐"，我怎么可以剥夺他们享受"快乐"的权利呢！于是我又试着改变：每天放学排队前，先从当天课业中找出一个有趣的话题，队排好后蹲下，老师宣布话题，让左右同学绕着话题低声交谈；两个一组或三四个一组都可以；只是不准前后交谈，以免乱了队形。一段时日后，改由班长指定话题；又过一段时日后，各排由排长自定话题；最后完全开放，由交谈的同学临时找话题，且不限于当天的课业，身边事物、生活趣事、见闻新知……任何有趣的事都可谈；前后同学也不限制了，只要不大声说笑、不影响别人，都可。

这么一来，孩子们都觉得很有趣，每天都期待这一时刻的到来。排队、蹲下、开始……不但不再拖拖拉拉，而且彼此还催着"快点、快点"，以把握这稍纵即逝的五分钟。从此，孩子们乐了，老师也乐了。我们管这五分钟叫"快乐时光"。

6.分组学习的变化与运用

我常常指导学生作分组准备、分组练习、分组学习或分组工作之类的活动。我发现只要事前有好的计划，分组后有好的指导，每一活动结束后有很好的讲评和奖励，每个孩子都会高高兴兴地参与。

放暑假虽是大家期待的日子，但暑期前还有一次期终考。这时天气烦热，孩子们都显得焦躁不安。每年如此，绝无例外。

为了缓解孩子们的身心压力，期考前三天我会安排一些轻松的活动，让大家喘口气高兴高兴。这次活动是吃自制的各式冰品，既经济实惠，又清心解热；而且在活动中人人参与，每个孩子都能学到一些课本上学不到的新事物。真是一举数得。

我通常安排第一天吃"粉圆冰"，第二天吃"仙草冰"，第三天吃比较复杂的"水果冰"。事前的分组很重要，这时对学生的家庭背景、工作能力、人际关系、性格兴趣……都了解了，老师顾虑周到，分起来并不难。何况这时我班孩子已养成了参加分组活动的习惯，推动起来很顺当。我将全班分为准备组、操作组、运输组、善后组等四组，每组推选一位组长，负责分配工作及带动进行。冰块由孩子们在家里自行准备，不可以麻烦父母；其他材料除由老师捐赠作为奖励外，一部分由班上的公积金购买，一部分由同学自动捐献。大家像一家人，不分彼此。轮到吃水果冰这一天最热闹，一大早就有家长送西瓜、香蕉、菠萝、龙眼、荔枝……来，也有让孩子带来的。有些家长工作忙，等不及跟老师打招呼，丢下水果就匆匆离开了，连什么人送的都无法查证：家长的热心，令人感动。

材料齐备了，各组就分头展开工作。上午第二节下课休息时间长一点，准备组布置场地、准备工具、安排一个类似生产线的工作台；操作组有的洗、有的剥、有的切；运输组将剥好切好的水果一盘盘送进冰水桶里，与冰块冰水一起搅拌。一切准备停当，只等第四节下课钟响，就是大家欢天喜地享用的时刻。运输组还得送一些到办公室去，让其他老师、工友也有分享我们欢乐的机会。吃完了，善后组负责清理。在全部过程中，除须保持清洁、安静、礼貌外，不加任何限制，养成自治和

"文明人"的习惯。

这是另一种分组学习，他们学到了课本上学不到的东西，而且大家都很快乐。

7.全班都欢欢喜喜回家了

新学年开始，学校刚开学，学生刚分班，老师刚接班：老师、学生都感到生疏又忙乱。两星期一晃过去了，学生姓名都还没认完，个性、嗜好、专长、特征……更谈不到，做起事来特别吃力。

今天又要交团体活动分组名单，真是火上加油。学校交来八个组的名称，规定每组以六个人为限，每人以选三组为限。分就分吧，我照本宣科，将八个组的名字写在黑板上，填志愿的纸也分完后，发现班级气氛死气沉沉，很多孩子都一脸茫然。我这时也很烦躁，但我警告自己，你是老师啊，老师不能慌乱退缩啊。于是我带大家站起来，拍拍手，又原地跳一跳；又告诉大家分组不是再分一次班，只是每星期有两节课是分开学习而已。

八组分毕，我发现王小强那一组只有他一个是男生，我问他是不是感到不方便；他点点头。又问另一组的女生有没有人愿意跟王小强调换，结果很顺利地调成了。又发现羽毛球组是七个人，跳绳组只有五个人，我问羽毛球组有没有人愿意到跳绳组来，他们彼此看看对方；迟疑片刻，懂事的李国勇说："老师，我过去好了。"说罢就自动改了名单，自动走了过去。大约两三分钟后，我见他一再看羽毛球组的同学，就问他怎么了。

五
有趣的个案

他走过来低声说："老师，我还是喜欢羽毛球。"这时我虽有些为难，但还是走到羽毛球组旁替他说情，问他们愿不愿让李国勇再回来。他们齐声说"愿意"。李国勇又高高兴兴回到羽毛球组。不过我对他们说：学校规定每组六人，羽毛球组多一人，我会去替李国勇争取，如果学校不同意，你还要回到跳绳组啊。他含笑点头。我知道学校不会不准的，我这样提一下，要大家重视团体规范。

班上还有一位"黑面林"，三年级时我教他，替他改称"黑面小将军"，他很得意。好动，整天活蹦乱跳，令我头疼，但我发现他精明能干，有领导能力，就指定他当那一组的组长，并帮助另外一组写名单。他做得又快又好，我加以称赞，他很高兴。我如不细心，就可能会造成问题。

今天星期六，太忙乱了，但我还是抓住机会对今天做一总结："我们班上小朋友太可爱了，分组时大家都和和气气，像王小强、李国勇、小将军，还有别的小朋友。来，让我们给自己一个鼓励：'啪！啪！啪啪啪！耶！'……"就这样，全班都欢欢喜喜回家去了。

8. 小仙女下凡来

化妆品本来跟我没什么关系，但新接班后，发现有位小女孩跟化妆品广告中的小女孩一模一样，每天都打扮得花枝招展，不但擦胭脂、抹口红，而且染指甲、画眉毛，还戴着好大好大的金耳环；而且每天还换一套新衣服、梳一头新发型；而且浑身都香气四溢；而且从来不作功课、不写作业，而且……

我这个老师有时也会用一点小技巧，想达到改变孩子言行的目的，又不伤害她。于是我开始对她加以称赞，也让同学知道老师在称赞她。然后慢慢追根究底，再慢慢设法改变她。就拿陈小燕这个小美女来说吧，我先是称赞她漂亮，也夸奖她妈妈疼爱她又会打扮，让她看起来像个小仙女。之后，我找机会跟她聊天，最后发现：原来她是一个可怜的"父不详"的孩子，妈妈先是在某处"上班"，认识了他"爸爸"，就不再上班了，所以才有时间和金钱替她化妆打扮。接下来，我就利用晨间检查的机会，讲指甲的"健康圈"是健康的记号，染了指甲就看不到健康圈了，别人还以为你不健康哩！又利用整洁活动和美劳、体育的机会，带全班一起割草、洒水、扫地、擦桌椅、洗厕所、滚草地；每个人都工作、游戏，高高兴兴；在满头大汗后，又带他们到小溪边去洗脸洗脚，嘻嘻哈哈。有时候小美女也想参加，我却劝她不要，以免弄脏弄坏了她的头发、手指甲和衣服等等。并暗示她，如果她能打扮的和别人一样，当然欢迎她参加。没过多久，这位小仙女终于也"下凡"了，衣着打扮跟大家一样了，每天高高兴兴跟大家一起工作、一起游戏了。

9. 一声感谢

石长安，农家孩子，钝钝的，自己的名字三个字只会写一个"石"字；说话朴拙，做事认真，功课不会。初接班时畏畏缩缩，慢慢地，变得跟老师很投缘了。很多孩子都是这样。

学校宣布要接受B型肝炎抽血化验了，班上孩子是一声无奈的"啊——"的惊愕。我的传统做法是，说道理给孩子听、做榜样给孩子看、安抚再安抚。我说："你可以不接受，只要你能保证自己没有感染到B型肝炎。人人都不喜欢打针吃药，但是又没办法保证自己不生病；如果打针能够预防疾病，吃药能够医好病痛，我们要不要打针吃药呢？"

排队走到健康中心前的走廊，正好里面传出一声声抗拒的尖叫哭闹："不要！不要！……我不要！"接着呈现在孩子们眼前的是一位别班的同学正在拼命挣扎抗拒；尽管老师抓紧他的手腕、护士按住他叫他不要害怕，两个大人弄得满头大汗，也无法完成抽血；不得已再请来一位救兵帮忙，才算勉强草草结束。这一幕闹剧看在我班学生眼中，再加上护士手上的针筒，以及桌面上摆的一筒筒抽来的鲜血，更增加了他们小心灵中的恐惧。想起来也真难怪，他们只不过八九岁的孩子啊！

我再一次好言稳定孩子们的情绪："其实老师最怕痛、最怕打针了。不过我知道，打针只是像蚂蚁夹一下一样，疼一下就过去了。而且不打针又不可以，怎么办？好吧，老师先做给你们看！"我伸出胳膊，率先示范给他们看。说实在的，其实我真的很怕打针吃药。

开始了，我留意每个孩子的脸色，这时发现石长安在队中暗自流泪，小腿小手还有些颤抖。我走过去问他怎么了。"老师，我真的很害怕！"我安慰他，拍拍他，叫他站到最后面去。先看别人怎么样。每当一个孩子抽血完毕，我总是亲切地问一声："不疼对不对？"大部分孩子都会强撑着，顺着老师的回答："不疼不疼！"最后终于轮到石长安了。他还是说："老师，我很害怕！"我拍拍他肩膀说："没关系，一下就好，老师牵着你，你闭着眼睛，一下就好了！"说毕，再拍拍他，再牵着他

好妈妈与好老师

的右手，叫他把左手伸过去，勇敢点。他真的照做了。走出健康中心，他忽地回转身来，含着泪水，双手紧紧拉住我的手，用微微颤抖的声音对我说："老师，我好感谢您啊！"我问他为什么？他说："老师让我站到最后面，牵着我的手，让我闭上眼睛，又拍拍我，我真的不害怕了耶，老师您好好啊！"

这是孩子的真心话，让我深受感动。

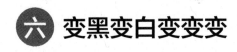 **变黑变白变变变**

1.黑面小将军威风凛凛

林水福，清寒子弟，一二年级时是老师心目中的头痛人物：面孔黑、衣服破旧、浑身脏兮兮，衣服鞋袜也穿不端正，上课、考试坐不安稳，喜欢招惹女生，说话没礼貌，做事莽莽撞撞，学科成绩多半是个位数……电视广告中有"黑面蔡"的广告，同学们就管他叫"黑面林"。从孩子们叫他这个绰号的声调和面色上，可以感受到大家对他的鄙视和排斥。现在是三年级了，是我班的孩子了。

像林水福这样学习困难的孩子，老师实在有心无力，有时甚至感到很歉疚，很对不起孩子。我常想，每个孩子都有权利享受一个快乐的童年。林水福这样的孩子就不该快乐吗？于是我就在他身上多下些工夫：我教他穿衣服、束腰带、绑鞋带、洗脸洗手、说话轻声慢语，不要干扰别人……说也奇怪，刚开始他还有点抗拒，过了一阵子，也许他感受到老师真在关爱他，他居然变得很机灵的样子：老师教他的、要他改正的，不但他都一一记得、一一做到，而且还经常提醒其他同学。例如升旗时，他会用手肘碰碰身边的同学叫他不要讲话；发现别人腰带环扣没有对正肚脐或太松垮，会指指对方的肚脐或拉拉自己的腰带以示意；最奇特的是，考试时不再满教室乱窜，而是好端端地坐在位置上写考卷。写什么？就是不管什么科别，满考卷都写上"林水福"，写满了，又拿出书来有模有样地"看"起书

六 变黑变白变变变

来！因为他根本不认得几个字。别班来监考的老师见了，对我竖起大拇指说："喂！王老师，你是怎么教的，林水福简直换了一个人嘛！"

小孩子多半喜欢吃糖果，我常常带一些糖果给孩子们吃；林水福分到的机会比较多，因为他需要。有一次我又叫到林水福和另一位张同学，他俩很习惯地一起去洗手；张同学也许太兴奋，洗后一边向教室走，一边甩手上的水；结果被林水福拉住，拿出他自己的手帕，又指指地上，轻声说："老师说，不可以这样（指随手甩水），老师说，要擦干。"

又有一次，班上吃自制的水果冰，我照例叫孩子送一些给办公室的老师分享。通常都是叫林水福和另一位同学去，但这次林水福正在做别的事，就另外叫一位陪同去。当他们正要走出教室门的时候，只听到林水福在教室后面吆喝道："嘿！要有礼貌啊！"声音洪亮又果断。我听了，很受感动，马上走过去，拍拍他的肩膀，举起他的胳臂，对着全班同学挥一挥，说："看看我们班上的黑面林，像不像一位威风又懂礼貌的小将军！"

"耶！"全班同学鼓掌，欢呼。林水福又一次获得全班的掌声。从此大家都管他叫"小将军"了。孩子改变得怎么这么快又彻底呀。

2.一只"小老鼠"的改变

这就是我重新做老师，刚走进教室不久就发现的那个个案。我接班时，会留心观察，找出学习迟缓或行为异常的孩子，设法帮助他或改变他。这次初进教室发现坐在教室后面角落的一位女生样子有些怪异：点名不应声，头低着看不清她的面貌。我越是想看清她的面貌，她的头就越是向下垂。她叫何春美。看看辅导基本资料，知道她是个养女，只有养母，没有养父，学科成绩很差。稍后又知道她家中很穷，养母年纪很大了，所以在外面不知情的人来说，她们应该是祖孙关系，不像是母女关系。

　　再经过一段时间观察了解，发现她凡事都很害怕：不敢正视老师，不敢和同学讲话，不信任别人，有时趁老师不注意她时，她会侧一下脸偷偷瞄老师一眼。那神情就像一只被猫吓坏了的小老鼠。她没有朋友，没有玩伴，脸上也没有笑容；上课时呆呆地坐着，下课时也很少离开座位，更很少走出教室。叫她的名字，不答应，也不抬头，更不会站起来；什么作业都不做。有一天我再三轻声细语问她为什么不理老师。

　　她终于说话了："老师，我怕。"

　　谢天谢地，何春美终于张口说话了！她这一张口，我的信心就来了，我相信会慢慢改变她。我拍拍她肩膀，摸摸她头发，笑着轻声对她说："春美不要怕，老师很喜欢你，我们会变成好朋友。你会怕好朋友吗？你的手是你的好朋友，还有你的书包，你的衣服，都是你的好朋友，你会怕你的手吗？你会怕你的书包吗？"她应声说"不会"。从此我就对她展开一系列的行动。

　　为了增加跟她接近的机会，除上课时常常走去看看她，摸摸她以外，每天上午和下午，都约她一起上一次厕所，以便在来回路上跟她讲讲话。我发现她很诚实，功课不会、作业不会写，都坦白告诉老师。她能听懂话，也还算会说话，就是不会认字也不会写字。连自己的名字都不会写。

　　我打定主意，多管齐下设法帮助她。

这是救人的工作，老师再忙，也不能不救孩子；救一个算一个，绝不放弃任何一个孩子。救春美，我从人际关系、课业学习和做事三方面下手。

在人际关系方面，设法化解她的孤立

首先化解她和老师之间的隔阂。开始时设法接近她，叫她、找她一起上厕所，时时惦记她，找一些简单切身的话题跟她聊天。她表示怕老师和功课不会后，就抓住机会现身说法一番："我刚上学时也是怕老师，也是功课不会，这没什么丢人的呀。我们在幼小时，也不会穿衣服，也不会吃饭；长大后慢慢学会了。你现在还会怕穿衣吗？还会怕吃饭吗？"她听了，觉得很有趣，就笑起来了。这以后，师生接触的次数多了，她也不再怕老师了，话也多起来了。大约两个月后，她原先像小老鼠的那种动作也没再出现了，她也比较敢大声一点说自己的名字了。她能大声说出自己的名字，我就带着全班同学给她鼓掌，并叫她"加油！加油！加油！"

她养母年纪大了，家境也很贫困，我就找机会买些水果、糖果、面条之类的东西送给她。顺便鼓励她在家里多动动，整理整理房间、清扫清扫水沟等。

在班上，我找个有能力又热心的同学跟春美作朋友，陪她游戏、做事、做功课、吃东西，并让她从这个同学身上结识更多朋友。

在课业学习方面，从美劳入手引起她的兴趣

她智商不高，过去没学到的东西太多，所以课业学习方面的进展较困难。我先从美劳方面做起。很多学习迟缓的孩子都

是从美劳学习开始上路，有了成就和兴趣后，再慢慢转移到其他课业上去。我班每学期开学之初，我都自己花钱买很多美劳用品，免费提供全班同学使用。老师想要学生大方、开朗，自己就得以身示范做给学生看。春美没接触过美劳，开始时笨手笨脚；后来居然学会了叠字纸篓、饮水杯、八宝盒等，也会编织图案画了。

接班时，我开始带着孩子读唐诗、说绕口令。这项学习随时随地都可进行，从简单的一句两句开始，从背念到简单的吟唱，大家都很感兴趣；春美慢慢也学会了一两首。请她上台表演，她怕，我就让她的朋友陪她，她终于接受了。表演成功，全班鼓掌鼓励，她快乐极了。

在朋友的带动和指引下，春美学着写自己的名字，接着，每天开始学着读、写两三个字；再进展到跟着抄写国语、数学习作。开始时大部分她都不知其意，慢慢地也能领会十之二三了。有一天我问她早上在路上有没有见到什么有趣的事，她说："今天早上上学，看见一个同学在路上大口吃东西。"我叫她把这句话写出来，她表示不会。我让她的朋友陪她写，她居然写出来了。

在做事方面，设法找事给她做

做事和美劳一样，是多数学习迟缓的孩子的治疗剂。我每天骑机车、戴安全帽上下班，为增加和春美接触的机会，我征得她的同意，请她和另外一位同学一起给机车"洗脸"、替安全帽找个"休息"的地方。洗脸就是擦拭车上的泥土或灰尘，"休息"就是把安全帽挂在车子的把手上；说洗脸和休息，她觉得很有趣，但她摸不清停车场的位置，认不清老师的机车，记不得车牌号码，也不会系安全帽的带子。如果这件事找别人做，轻而易举，老师也很省事，但我宁愿三番五次地把春美教会。教会后，她每天都准时去做，做得既认真又快乐。

下雨天孩子们都穿雨衣或打雨伞上学，到了教室就乱扔。我要求大家把雨衣叠好，叠得又小又方正的是高手，春美居然成为第一高手；以后就让她担任叠雨衣的小老师，不会叠或叠不好的都去请教她。雨伞要收好摆齐，也请春美负责协助和检查。我班雨衣雨伞摆得最整齐，春美的贡献最大，也赢得同学们很多掌声。

班上有十几个公用茶杯，每天收检和清洗的工作也由春美负责。有一天她贸然说"我是洗茶杯专家"。我听了，"啊"地惊叫一声，笑笑看看她。她立刻改口说："不对不对，老师我不敢，我不是专家。"我说："怎么不是，能把事情做得又快又好，就是专家。"接着就讲"行行出状元"的道理给她听。就这样，春美又成了洗茶杯的专家。

其他还做些洒水、把垃圾袋套进垃圾桶里、送东西去办公室或去办公室拿东西、替老师传递讯息等，也都找春美去做。她本来不敢去办公室、不会洒水、更不知如何传递讯息；我就又找了一位同学陪她做。如此她既学会了做这些事，又多交了一位新朋友。而且每要她做一件事就教她说一句和这件事有关的话，因此她也越来越会说话了。我无意中说，学做事要勇敢，要有恒心。她懂得勇敢，不懂有恒心是什么意思。我就举几个实例给她听，她懂了，而且随时都会用上，也知道要有恒心才能把事情学会和做好。

检讨起来，带春美的最大成效是：

好妈妈与好老师

她变成一个快乐的孩子了，在班上活跃起来了。后来她居然读到高职毕业！

和班上其他同学一样，跟老师很有默契了：只要老师叫一声、看一眼、或用手比画一下，她就能领会意思，立刻就采取相应的行动。

她居然会主动做事了。

有一次忽然下雨了，我被困在办公室里无法进教室，正在发愁时，春美和她的同伴居然带了一把伞来接老师！我当时心里真是既兴奋又感动。走进教室后，除了公开称赞她们两个外，并顺便给全班做了一次机会教育。我说，很多同学常常说，等我长大了我要如何如何孝敬父母；其实只要你有心有意，随时随地都能孝敬父母。不必等长大。

3. "小祖宗"很喜欢扫地了

孩子不喜欢扫地，家长、老师都有责任。前几天就有一位家长特地来拜托我："老师，拜托您不要让我家大宝扫地好不好。老师您是知道的，我只有这么一个宝贝儿子，亲友开玩笑都管他叫'小祖宗'；在家里，我什么事都不让他做啊！"我听了，也只好苦笑笑，点点头。

我家大人孩子向来都要做家事，而且我强调，孩子做家事，不是"替"爸爸妈妈做的，也不可有任何报酬条件或交换条件。因为家事本来就是大家的，不是爸爸妈妈的。在家里从小就养成习惯，到学校就不会不喜欢做事、不喜欢扫地了。小三的孩子还太小，既没养成做事的习惯，也没养成做事的能力。因此每当接班时，我对打扫工作特别用心，不但仔细编组，连每个人的个别任务、工作细节、工具使用，也都交代得清清楚楚；而且还亲自陪他们、带他们、教他们怎么做。做过一两次后，才放手让他们自己去做。

有几天发现打扫特别区的孩子有些懒洋洋的，因为特别区范围大，秋天树叶落得多，送垃圾树叶到焚化炉去又有一段路，大家都有点讨厌做；而且我还发现，他们连操场边的沙子也扫进畚箕里。抬时既笨重，沿途还稀稀落落地边走边撒。抬的孩子都嘟着嘴，满脸的不高兴。我发现士气如此低落，再加上大宝的妈妈来拜托，我就决心改变改变，要不然就混不下去了。我把扫落叶和抬垃圾的孩子叫过来，问他们："你们有没有看过电视上一则白箭口香糖的广告：'常嚼白箭口香糖，运动你的脸。'"他们都应声说看过。"好，老师现在教你们，怎样运动你的腰。"我端起竹编的畚箕，畚箕有落叶也有沙子，我一边扭动腰肢，一面筛掉畚箕中的沙子，一面嘴里轻快地念着："就这样运动我的腰！"然后教他们两个人抬起畚箕，同时扭腰筛沙。沙子筛掉了，抬的人也觉得轻松了，一路上也不再边走边漏沙子了。大家忽然觉得既有趣、又好玩起来。每个人脸上的乌云顿时一扫而空了。两个抬垃圾的孩子更是神采飞扬、喜滋滋地、抬头阔步通过操场边的司令台，走向焚化炉。

他俩转回来后，我竖起大拇指称赞道："看你们两个刚才通过司令台的神气，真像两位战胜归来接受表扬的小英雄，棒极了！"

他们这一组回到教室，马上向班上同学宣扬，老师如何教他们运动他的腰。有些孩子很羡慕，甚至要跟他们调换去扫特别区。更妙的是，那位原本拜托不要让他家大宝打扫的家长，特别打电话来向我致歉并致谢；因为他家大宝被我称为小英雄后，回到家里非常高兴，不但再也不说打扫辛苦了，并且自动拿起扫把打扫前后院的地，也扭动腰身对她说："妈妈看，就这样扭动我的腰！"

4.家庭访问变成了"文化交流"

什么是"家庭经济地位"？什么是"家庭文化背景"？也许大家都明白它的意义，知道它在说什么。但是真正能真切体验的，也许就是我们小学老师。单就一个班级来说吧，四五十个小朋友总都是附近几个村落或几条街巷的孩子，按说差异性应该不会太大才对。其实不是这样，他们来自不同的家庭，他们的一切一切硬是有很大的差别。即使是同一村落、同一巷弄的孩子，因为父母职业、教育程度、成长过程等等的不同，孩子的人格、行为等也有很大差异。让不同家庭背景、生活经验的孩子，接受相同的教育——相同的班级、教师、教材、环境……不但对受教育的孩子不公平，对老师也是一种煎熬甚至惩罚。

多少年来，我感受良深。因此为了让不同家庭背景的孩子有互相了解的机会，每接一个新班我都会想出一些办法，这是为孩子，也是为自己。因为他们的同构型越高越多，班级经营就越容易和谐，老师的身心劳累也会因而减轻些。分组工作、分组学习是我普遍应用的教学方式。在接班后，先从各方面去搜集讯息，了解孩子；然后分析归纳，找出每个孩子的同构型和异质性，最后才进行编组。基本原则是，知能学习按学习成就的同构型上中下编组；各组都有不同的教师期望，要求他们达到期望水准。工作学习按各种异质性混合编组，教师对各组的工作要求是一致的。知能学习的小老师制不限于知识学科及艺能学科，割草、洒水、扫地、打格子……但凡有一技一艺之长的，都授予小老师的头衔和职责：这都有利不同文化背景的交流，也是一种多元化的班级经营方式。我一向这样做，自认为效果满不错的。

此外，我最近发现利用定期家庭访问的机会，也能促进孩子们的相互了解，这甚至可以说是一种小小的文化交流。访问开始前，安排几个异质性高的孩子与我同行，我称他们为"小向导"，让他们见识见识不同的家庭有哪些不一样：住家环境、家庭陈设、接待老师的方式、礼貌、说话用语用词、管教子女的态度等，让他们留心观察、静静倾听，离开后要向老师提出疑问或心得。陈家为什么这样？张家为什么那样？有些孩子也真会悟出一些道理来。例如我班上的黄干河是个"快嘴"，又会编假话骗人，老师对他稍稍生气，他就马上跪在老师面前磕头，并一直说："老师我不敢了，下次不敢了，请老师别生气……"这次家访发现，原来他爸爸是乩童童，**●** 他妈妈是推销员，同行的孩子似乎恍然大悟。

5.心花朵朵与彩云片片

很多小三孩子一开始还不会"造句"，国语科习作中的"照样造句"、"替换语词"或"叠字词造句"等，都无法顺利

● 乩童：是一种职业，类似于西方的灵媒，是道教仪式中神明或鬼魂与人之间的媒介。

习作。我就想出"心花朵朵"与"彩云片片"的办法来帮助他们。

先说"心花朵朵"。在习作开始前，先指定中上程度的孩子作口头发表，再由中下程度的孩子模仿发表。待大家了解后，每人发一张练习纸，试着将大家口头发表的句子写出来，能写多少就写多少。全不会写的，请小老师帮助他写几个字也可以。最后选出佳作加以朗读、鼓掌、称赞；中等程度的也加以朗读、鼓掌、称赞；完全不会经小老师帮助也能写出几个字的，也加以朗读、鼓掌、称赞。一段时间后，将这些练习作品分上中下三等级装订起来，摆在教室后面的成绩资料架上展示，让每个人都有成就感。这就叫做"心花朵朵"。

"彩云片片"则是：老师另外发一张练习纸给大家，让大家将课本上学到的，或"心花朵朵"听到的，或自己口中讲出来的有趣的字句随时记下来；一段时间后累积的作品多了，也是分上中下三级装订成册，展示在教室后面的成绩资料架上，供大家欣赏。这就叫做"彩云片片"。

无论心花朵朵或彩云片片，都要写上自己的姓名，这样才有成就感和荣誉感，才会长期继续做下去。一段时日后，造句对班上的孩子来说，已经不是问题了。

6.阴暗的角落有了阳光

小三是孩子们的一个难关：他们要从低年级升上中年级，从读半天改为读全天，父母和老师都认为孩子"长大了"，很多时候很多事情都放手让他们自己去打点料理了。其实就我多年来的教学经验，小三孩子真的还很小，很多孩子遇事遇人还怯生生的。有的甚至躲在阴暗的一角，像个自闭症的孩子一样。今年的小三，我就碰到两个这样的孩子，一个叫朱银风，一个叫何吉晴。银风的妈妈经常开着高级轿车接送他，但他似乎总不快乐，整天不说话、没笑容、一副懒洋洋的样子。何吉晴跟朱银风的情形差不多，只是家中不如银风有钱。

吉晴比较好对付，老师叫他他会答应，叫他跟着别人一起做事他会去做；如果老师大意一下，一天两天不找他不叫他，他就一天两天不出一点声音，也不做任何事情。后来我刻意盯着他，找两个懂事的同学跟他一起做事、写作业、背唐诗、到操场去玩球，都邀他同去。每天放学前，除了一般家庭作业外，我特别教他做两件美劳，给他材料和工具，第二天做好了拿来给老师看，我特地加以赞扬。又叫陪他的那位同学也跟他一起做美劳，做出来的成果展示在教室后面的成绩资料架上。就这样，一两个星期下来，何吉晴变成一个很快乐很活泼的孩子了。

朱银风的情形就不一样了。他对什么事都不感兴趣，妈妈每天接他送他，他好像陌生人一样，上车下车都不跟妈妈打个招呼。学校要办校庆会，要乐捐经费了，他家有钱，按说应该多捐一些，他却一毛钱也不捐。老师叫来问他，他说："有人捐就好了，没意思。"班级要办庆生会了，同学们都忙着布置教室等等，他理都不理，老师叫来问他为什么？他说："有人做就好了，没意思。"他的这个调调，不像个小三的孩子，像个半大不小的小大人。我对他简直没办法。

后来我硬是放低身段，把他叫到身边，问他我们班上有多少同学？他说四十二个。我又问，如果庆生会分组准备的话，应该分几组最好？他知道我们曾分过组，每次大概分六组或七组。这时他想了想，大概是回想一下过去的情形，然后他说："分六组或七组。"

这时我特别提高声调，称赞他："银风聪明，我们就分六组好了。但是怎么分呢？我们来抽签好吗？"我听说他喜欢玩抽签游戏，正好这时候派上用场。

当老师说"抽签好吗"时，只见他眼睛忽然一亮，嘴角也笑出酒窝来了。我说："好，银风你去准备签，我们等一下就来抽。"抽过签后，各组组长都由老师指定，我特地指定他担任他那一组的组长。当天他还把妈妈也请来了。事后他在日记上写道："我们学校有一位好老师，她的名字叫王廷兰老师。"

看啦！阳光照射到那个阴暗的角落了！两个死气沉沉的孩子，忽然都活泼起来了。我的心里，仿佛忽然卸下千斤重担。

7.一家人都变得很大方了

班上又转来一个新同学，她的名字叫廖俐惠。她不理别人，别人也不理她；她不喜欢游戏，也不喜欢做事，也没有人跟她做朋友；有时候还会跟别人斤斤计较。我经营的班级，一向是气氛和谐。廖俐惠的态度，跟整个班级气氛都不搭调。（她爸爸、妈妈、爷爷见到老师也冷冷的）为了加速改变她、让她早一点进入和谐的团体氛围中，我又想了许多办法。

第一招是我经常向廖俐惠借东西，借后不久就告诉她，老师把东西丢掉了，找不到了；怎么办呢？第二天就拿一份全新的或更好的赔她。

第二招是我让她管理班上的图书，那些图书都是我从自己家里送来的，或是我自己花钱买来送给班上的。在廖俐惠管理时我又故意拿掉一两本或弄破损一两本。当她发现后哭丧着脸向老师报告时，我不但没责备她，反而给她宽恕和安抚；过几天我又买来新书补充上去。各种分组学习时，我总是鼓励同组同学共享器物，如有不足，就拿班上共有的"备份"来用。贫困同学没带午餐或缺少文具等，我就拿钱让廖俐惠到合作社去买来送给那些同学用。她家里开药房，一段时日后，俐惠居然常常带外伤药膏和药水来给全班同学用，说是妈妈叫她带来的；她爷爷开车接她回去时，也常常邀请同村的孩子搭便车回家；她爸爸还将家里的旧书送来给班上同学看；很快地，俐惠变成了全班同学的好朋友了。而且从那以后，每年母亲节，我都会接到廖俐惠送来的一束康乃馨，还附上一些感谢老师的甜美词句。

8.李维龙大展身手

我经营班级的基本态度之一是让每个孩子都有所学、有所成、有发展潜能展现身手的机会。即使是一点点不算什么优点的优点，我都会适时适当地加以夸赞，让孩子感受到老师已经看到他了，已经关爱他了。

李维龙也算是个可怜孩子：父母离异，从小在家就得不到温暖，一二年级时就经常偷窃、打架、说脏话、欺侮更弱小的同学、捉弄女生等等；当然也不喜欢学习，仇视成绩好的同学，也尽量逃避老师。三年级由我接班，教过他的同事都替我担心，不知我要怎样带他。没多久我发现他有表演的才能，就辅导他担任远足或同乐会的节目主持人，并指点他表现出灵敏活泼而不流气的风度；每次都有意外成功的演出，令全班同学快乐而又欣赏。从那时开始，他的不良行为渐渐减少，也渐渐喜欢跟同学老师在一起了。我只教他一年，第二年也就是四年级下学期的某一天，维龙突然来请我去参加一项活动，原来他邀集了十几位不同年级、不同班级的同学，为老师办了一个很别致的生日庆祝会；他当然是节目主持人，这是我当老师以来的第一次，也是我当场感动流眼泪最多的一次。国中二年级时，他送了一份很贵重的母亲节花篮给我。我想到他的从前，不禁责问他那里来的钱？他很自信地说："老师放心，自从被老师教过后，我就不偷别人的东西了，这是利用星期六下午和星期天，替别人送宣传单赚的钱买的。送一张两毛钱，三个星期我送了六千张！"

我听了，不禁把他一把抱进怀里，喊一声"维龙！孩子"！就再也说不出别的话了。

9.四小福终于得救了

有的孩子可以个别提升，有的孩子必须采取"群体夹辅"的方式，借着别人的助力才能提起来，这是我的又一发现。我班上有四个成绩较差的女生：赖玉珍，脏、懒、不说话；张珍瑶，坐立不住、惹是生非；林凤珠，愣愣的、傻傻的、推三下转一下；丁秀美，畏缩、逃避、无安全感。我曾在这四小福身上花了不少力气，好像效果不理想。有一天，我从阅读一篇文章中得到启示，把她们四个叫到面前，问她们喜欢不喜欢画图或做美劳。她们表示喜欢。我就用游戏的方式，叫她们都闭上眼睛，让她们自己各选一位朋友作伴；四个人分成两组，利用课余时间，每天共同画一幅画或做一份美劳作品，限定当天完成，从此她们每组每天都能完成一项作品，而且两两携手送到老师面前。接下去，在老师的引导下，她们又开始共同写作业、背唐诗、学绕口令、读三字经。进步非常快速，老师和全班同学都大加称赞，几乎不相信她们会进步得这样快。

四小福终于得救了。我这位焦头烂额的老师，也从此如释重负了。

10. 小黑变小白

班上几十个孩子，稍不留意就会误了孩子或错怪孩子。尤其小三孩子，刚从低年级升上中年级，别人或者以为他长大了，他自己也许觉得长高了懂事了。但经验老到的老师都知道，他们其实还很小，很多时候还不会照顾自己。因此每当我接小三新班时，总会留心观察班上孩子有没有什么特殊的情况。

有一年就发现这么一个情况：林火生，乡下孩子，全身黑黑脏脏甚至腥腥臭臭的，别人不叫他的姓名，都叫他"小黑"，他自己也接受，随叫随应。不过很少人叫他，因为他没有朋友，有些同学甚至离他远远的，不接触他也不理会他。我不喜欢看到这种情形，我不希望我班上有被冷落的孩子。我着手了解到底是怎么一回事。穷也没关系呀，功课不会也没关系呀，为什么是这般模样呢？

有一天下午我稍喘口气，就把林火生叫到面前来，啊，他身上真的散发出一股酸酸臭臭的气味。夏天快到了，几天不洗澡就可能有这种气味出现。我拉拉他的胳臂，黏答答地；衣服也破破脏脏地。我问火生："妈妈在家吗？"他摇摇头。好了，也不必再问了。我心里已凉了半截：又是单亲家庭。我拉他靠近一点，问他："你自己会洗脸洗手吗？"他点点头。"好，火生很乖，去洗手台，用肥皂洗洗自己脸和手，多洗几次，擦干净，来给老师看看。"几分钟后他来了。啊，原来他是这样洗的，难怪老灰老垢都洗不掉。我再把他拉到洗手台边，叫他闭上眼睛，我给他打肥皂，脸上、耳根边、颈脖都打上肥皂，再轻轻慢慢替他搓一搓、揉一揉，冲一次水；之后，再照样洗第二次。我有一点信心了，老灰老垢有减退的迹象了。我替他把脸擦干，叫他对着镜子看看自己。他看看，脸上露出一丝尴尬的苦笑。

六 变黑变白变变变

"火生，老师告诉你，就这样洗，晚上回家，自己用肥皂、用温水，慢慢洗洗自己的身体。要全身上下都洗啊，洗洗看，明天再来给老师看看。"

第二天，他果真来给老师看了。也是有洗过，但是还不够彻底。我又拉他到洗手台边，替他再洗一洗胳臂；洗好后叫他自己再看看，跟先前又不一样了。如此连洗了三天。最后连他那个乌黑的便当盒也叫他泡在肥皂水里，泡了再洗，洗了再泡，用"菜瓜布"刷了再刷，乌黑的也变成银白的了。第三天放学时我对火生说，回去请你阿爸替你换一件干净的衣服，干净就好，不一定要新的。

第四天升旗后回到班上，在"生活与伦理"时间，我把火生叫到讲台上站好，连他的便当盒也摆在讲台上，我问全班同学："这是谁，是林火生同学对不对？""对！""他叫'小黑'对不对？""对！""大家看看，他是小黑还是'小白'？""小白！""我们来欢迎小白好不好？""好！小白！小白！加油！加油！加油！啪啪啪！"

小黑变成小白后，朋友慢慢多起来，笑容也慢慢多起来，我这位美容的老师也觉得有面子了！

七 小鱼小羊小秘密

1.上课中的振奋剂

下午上社会课，天气热，孩子们的精神难持久，二十几分钟后就有松散、疲惫、打瞌睡的现象。功课再进行下去，也不会有什么效果。于是我又设法投下振奋剂。过去用读唐诗、吟唐诗、说绕口令等，都很有效。

自从语文课读过一课"猜谜语"后，我一面叫他们在日记中写两则谜语，一面把过去买的"小谜语"带到班上给大家看，所以这几天大家对猜谜语都很着迷。今天我就用猜谜语的方式来当振奋剂。我在黑板上写道："百万雄兵消白旗，天下无人来征西。秦兵折了余元帅，骂得曹操无马骑❶。"猜四个字。孩子苦思良久，吴重庆忽然叫道："老师，第一句的一个字是不是'一'？"接着又有人叫道："第二句的一个字是不是'二'？"最后有好几个人同时叫道："是'一二三四'对不对？"

此时全班孩子情绪高涨，纷纷要求继续猜。我又采取适可而止的办法，及时停止，回到正课。这是随机应变，老师要随时准备应变。

2.漏网的六条小鱼

每年母亲节，我都有新准备。明天又是母亲节了，我把班

---

❶ 繁体字骂写作駡，所以"駡"得曹操无马骑猜作四。

上自己做的康乃馨分给孩子带回家给妈妈，每人两朵。分完后，我顺便说，如果你们嫌少，自己可以再多做几朵。这时，我忽想起郑东良曾说过："我不会，老师怎么知道？我没交作业，老师怎么知道？"因此我又顺便问一句："还有没有不会做康乃馨的？请举手。"我原以为这是多此一问的，因为我们已经做过很多次了。而且是分组做，每组都做了很多，都交到班长那边保管的。

没料到，居然有六位同学举手，表示还不会做。好奇怪，我班是美劳课有名的班级，每个孩子都是巧手，都会做很多种美劳花样，怎么还有这么多漏网之鱼呢？下课后，我叫他们到前面来，亲自再教他们一次，然后把他们交给美劳科小老师，明天以前一定要把他们教会。我事后反省，如果我不问，岂不又制造几个"郑东良"？如果我很凶，动不动就骂学生"笨"，他们还敢举手吗？如果我追究责任，他们的组长、班长、还有美劳科的小老师，不都要倒霉吗？

逮到了漏网之鱼是好事。有的地方还要"网开一面"，对不对？

3.要带起兴趣来

读唐诗是我班的特色之一，别班都是高年级才开始读，我班是三年级就开始了。全班都喜欢写毛笔字后，要想维持继续写下去的兴趣，就得另外想办法。我的办法是，让读唐诗和写毛笔字结合起来，既增加了新趣味，又因为有了变化而两相挟持，两件事情的兴趣都带起来了：这是我的又一创举和收获。

写毛笔字有正课和家庭作业两种，收作业是件麻烦事，谁交了谁没交，往往弄不清楚。我想了一个妙招：用白色的卡片纸，正面写上学生的姓名，反面写一首唐诗，写好后全部插在一个木制的卡片盒里；交过毛笔字作业的人，就抽出自己的卡片，放进自己的口袋里，随时拿出来读；读会背了，自己就再找一首新的唐诗，写在第二张卡片纸上，插进木盒里；再交作业时，再抽第二张卡片来再读。卡片上有编号，谁抽的卡片多，有奖。如果毛笔字的作业写了，要交了，唐诗还没读会，他的放卡片的木盒格子里就插一张红色的空白卡片，表示他"欠账"了。他们觉得这样很有趣。读唐诗和写毛笔字的兴趣都提高了。

4.班会有话说了

小四的孩子不大不小，每次开班会时，老师都为了找个适合他们讨论的话题而伤透脑筋。他们知识见闻有限，喜欢而又有能力讨论的话题更是有限。

最近几天为了联课活动分组，好几个孩子嚷着要回到我担任的劳作组来，理由是想多和老师在一起，因为他们知道五年级我就不教他们了。也有几个孩子在日记中埋怨爸爸妈妈不陪他们做功课、不带他们出去玩。我就抓住这个机会，以"怎样让父母和老师有更多时间跟我们在一起"作话题，要大家在班会中讨论讨论。其实这也是老掉牙的话题，也许时机正好，加上我的一段中肯引言，他们居然讨论得很起劲，所提的意见也都很平实切题：要好好照顾自己、不给父母老师添麻烦；分担家务事和班级事、减轻父母老师的工作负担；把弟弟妹妹带开、不让他们吵闹父母；要体谅父母老师的辛劳；不要在外面做坏事或惹是生非，让父母老师担心；要专心听讲，要认真写作业，字迹不可潦草以免增加老师批改的工作量；老师改正过的错别字不要一错再错……

事后我评估，这是一次成功的班会，让他们知道：

凡事不要单从自己的立场说话，也要替别人想想。

凡事都可以提出来讨论讨论，让大家养成民主公正的心胸，让大家学习怎样思考问题和解决问题。

他们也许无法说到做到，或只能做几天随后又忘记了，但至少他们已能体会到父母和老师的辛苦。

5.好听的话很好听

三年级时，我班有几个小捣蛋，经常会给班上添麻烦。因此在那一年，我班没得过整洁秩序冠军。这虽然跟学校行政上的偏袒有关，但小捣蛋们的不合作，也是重要原因。升上四年级后，我班一连得了八周整洁秩序比赛冠军。老师、学生都是原班没动，小捣蛋们也还是照样没改；只不过是学校行政上的偏袒因素除去了而已。

我心知肚明而不说穿。而且从第五周起，我就开始勉励全班，我们要争取一连十周的冠军荣誉，打破全校过去的记录。孩子也都很振奋。每次得到冠军旗后，我让全班同学先进教室坐好；然后由班长、副班长、卫生股长护着冠军旗走进教室，把冠军旗高高举起，全班起立，鼓掌欢迎。接着我对大家说，这项荣誉是全班同学共同辛苦得来的，让我们大家来一次"班呼",给自己鼓励鼓励。而且我更抓住机会,给那几位小捣蛋们的脸上猛擦胭脂猛抹粉:"你们知道吗?这个荣誉冠军旗能够再一次走进我们教室,大家还得特别感谢汪小强他们几个同学,因为在上一周表现得特别好,才会有这个结果。老师不是随便说的啊,你们常常觉得他们几个比较不乖对不对,其实他们都比别班同学乖,所以我们才能得到冠军。而且我们相信他们以后会更乖。"

于是,我特地叫他们几个站起来,接受全班鼓掌。他们都乐不可支。就这样,我班果真连续十周得冠军,给学校创造一项新纪录。

6.拆穿谎言以后

老师、学生、家长,三者之间有时像在玩捉迷藏的游戏。就像刘新发,有一次没交作业,他硬是说交了;他的同桌说没看见他交,他的排长说没收到他的作业簿,他自己却硬是说交了。回到家里,妈妈要看他的作业簿,他说交给老师了,老师还没批改。他妈妈知道我是不会积压作业不改的,就打电话到我家来查证,这才拆穿了他的谎言;原来他根本没写,所以不敢交出来。老师跟家长约定,以后要盯紧一点,也没处罚他。他父母都很感谢老师,并配合老师继续盯紧他。

母亲节前夕,学校举行教学参观日,刘新发知道他父母一早要上山去工作,不会来,所以有些失望。我事先打电话邀他们在上山前来一下。他们果真来了。我当着全班同学对刘新发说:"你看爸爸妈妈多爱你!明天是母亲节,我们这里有做好的康乃馨，你会不会拿两朵送给妈妈？"

他点点头，喜出望外。当他送花给妈妈时，事先安排好的照相老师就把这个镜头照了下来，全班同学都为他鼓掌。从此以后，刘新发就再也没说谎话了，也再也不会不交作业了。

7.找回一只迷失的小羊

接了三年级的新班后，就认识了郑东良：爸爸酗酒、妈妈外遇；自己不会写姓名，注音符号只会一个半，说话吞吞吐吐说不成句；逃学，在外面偷东西被捉，被人告到学校来；用餐有一顿、没一顿；同学嘲笑他、欺负他，没人跟他做朋友；功课不会、作业不交，过去的老师不知道他不会，也不知道他没交。他没被老师发现，常常自鸣得意。他是一条漏网的小鱼，也是一只迷了路的小羊。

我的对策是：不提他的过去，不问他昨天为什么没来和做了什么事；不仇视他、不轻视他、不排斥他，也不冷落他；把他的座位排得向前一点，叫他跟性情温和的小胖坐在一起；一有机会就喊喊他，找些容易做成的事情给他做，做成了就当众称赞他，并叫全班为他鼓掌；替他找朋友、引导他讲话、安排小老师教他注音符号；我亲自教他写姓名，他老是会把"郑"写成"陕"，发现错就觉得难为情，我宽慰他："这不能怪你，你的名字太难写了，如果你叫'丁一'，相信你很快就写会了。"他听了很高兴，也觉得很有趣，就加倍努力学写，不久终于学会了。逃学、说谎、偷东西的毛病也慢慢改掉了。寒假里，我常常去他家看看，偶尔遇到他父母不在家，他和弟妹三个人没着落，我就照顾他们一下。

第二学期我班举行同乐会，我带他和另外两个女生去市区买饮料和糖果，去时搭公车，回程坐出租车。上车后郑东良说："老师，我长大了要开出租车，天天接送老师，不要钱，老师想到哪里都可以。"

这只迷失了路的小羊，终于被我找回来了。

后证：过了六七年，东良国中毕业了，有一天没钱吃饭，独自在我家门前徘徊，我发现后就给他三十块钱去吃饭。又过了几年，有一天下午，教室外走廊上有个高高个子的人看我上课，下课后我到外面看看。

"老师还认得我吗？"那个人说。

我一下子抱住他说："当然认得，你是东良吗！怎么长这么高！"

班上学生都愣住了。我告诉他们，这是我过去教的学生，他叫郑东良。学生随即说："郑哥哥好！"东良回声"大家好"，并说："老师教的学生好乖哟！我觉得读书真好。"我问他为什么穿得这么整齐。他说："对呀，老师说过，衣服穿好，有礼貌，别人才看得起。我这样才能领导别人。"我问他在做什么。他说在当兵，做班长。又说："老师，我好想再读书啊！我以前不用功，现在好后悔啊！"我安慰他：你还这么年轻，随时都可以学习，不一定要上学读书才算学习。

8.师生间的小秘密

小胖陆继荣，常常偷懒不写作业，稍不留意就会被他躲掉。

孩子的转变，有时像有某种契机，一转眼就变了。甚至你想追寻一下缘由都来不及。有一首情歌中有一句"我们的小秘密"的词儿，有些孩子也会哼唱。这几天，接到很多圣诞节贺卡，有邮寄的、有自己投进我家信箱的、有放在办公桌上的、有摆在教室讲台上的……我都无暇细看，甚至连打开都来不及。今天讲台上又有一张贺卡，我正想收进抽屉去，有个孩子说："老师看看是谁写的嘛！"

我打开一看，上面密麻麻写了很多字，原来是"小胖"陆继荣写的。最后的两句话是："老师，我决定从今天起，好好读书做功课了，请老师不要生气。"我看了，很高兴，也很感动。因为我昨天很气他，凶了他，并且告诉他，如果再不认真写作业，老师就再也不理他了。

下课后，我把他叫来，偷偷打开他写的贺卡，要他把最后那两句话小声念一遍。然后称赞他有志气，能改过。并告诉他："这是老师和继荣，我们两个人的小秘密啊，不要告诉别人好不好？"他乐极了，一整天都很高兴。也没惹是非。

这是一个契机，我决定利用这张贺卡，随时叫着他，提醒他，希望能产生奇妙的效果。

八 老师的苦心和无奈

1.转学生来了

小孩子换了新环境，就难免畏畏缩缩。一个团体有新的分子加入，便觉得很新鲜有趣。老师对这种情况要特别注意，有些孩子换了环境就不适应；刚开始时如果没有注意，等到问题发生了，甚至越来越严重了才临时仓促应付，就比较麻烦；严重的，也许就追悔不及了。所以，我对这方面就特别注意。

我班上星期来了一位转学生。大概是这阵子班上太平静了吧，转学生进来后，竟成了全班同学注意的焦点，周记上几乎全是有关的记事：题目都是"我们的新同学"或"新朋友来了"；写她叫什么名字、性别、从哪里转来的、老师怎样把她介绍给全班，又怎样把本班的班规、班长、副班长、排长介绍给她。

我把她分到何知宜那一排，叫知宜好好照顾她，有问题有困难要帮助她解决；如果遇上解决不了的事情，就要告诉老师，让老师来想办法。何知宜很乖巧，善解人意。她在周记上对新同学的描写也最详细；除了写前面大家都写的那些部分外，还写道："新同学说：我们班真好，同学们都对她很友善，老师更非常喜欢她，她觉得自己很幸福。我告诉她：'本来嘛，我们大家都觉得很幸福，我们有一位好老师，有全班的好同学，你以后就会慢慢知道的！'老师叫我好好照顾她，我一定会的。"

我看了很高兴，就在上面批道："老师觉得更幸福！"这是一次成功的改变，新同学和旧同学都受惠。也是我经营班级的一次好经验。

2.只要他喜欢，有什么不可以

前些时，有一句流行歌词是："只要是我喜欢，有什么不可以。"结果引起卫道人士的责难而被禁唱。时代在进步，社会正开放，许多以前不可以做的事，慢慢也被容忍、被接受了。在学校里，如果学生喜欢的事物或喜欢的学习方式，却不合某种刻板的规定，是不是可以被接受呢？刻板的规定是不是可以更改呢？

杨正辉的例子：农家子弟，三年级时还不会写字，也不写作业；勉强要他写字，一个字要写上老半天，而且会超出格子外面很多。自从发现他割草又快又好后，就向全班推荐他是割草的小老师。从此以后，他在各方面都有了很好的表现，尤其是写字进步最快。升到四年级，居然被选为本班写字选手，参加全校比赛；虽然没得到名次，我还是非常称赞他，特别称赞他努力、进步很快，叫他自己跟三年级时的自己比一比，看看进步了多少。

这次校庆运动会，他得了四年级赛跑第一名，奖品是两本直行书写的作业簿。今天他就用来写数学作业。这当然跟学校规定的格式不合。我发现了，不但没责备他，而且称赞他说："正辉，你很好，这是你得的奖品，用起来特别高兴对不对？"他点点头。然后我再告诉他："等到这本用完了，再改用原来的，好不好？"他满面春风地答应了。如果我当时劈头骂他一顿，情况和后果当然不一样了。杨正辉的例子的另一意义是，教育心理学中讲的"学习迁移"说，的确是有道理的。

3. 扎辫子的扫把星

同一件事物，可以有很多不同的说法。

汪以敬扎辫子就是一个很好的例子：以敬是个很憨厚的女孩，有一天，她扎了一对小辫子来上学，刚走进教室就引起一阵轻轻的嗤笑声。我假装没听见，抬头看看以敬的小辫子，很自然地称赞道："啊，好美的小辫子啊！"我常常找一些小事情来称赞孩子，让他们高兴，也借机会跟他们搭讪。汪以敬听了，却淡淡地说："才不咧老师。"原来她在二年级时，有一天扎了小辫子上学，却被老师骂了一顿，说她像个"扫把星"，难看死了；而且说她是想害老师、诅咒老师，才扎个鬼辫子来触老师的霉头。从那以后，她再也不敢扎辫子上学了。今天是想试试看会不会被老师骂。

我不但低声安慰她，更公开赞美她扎了辫子显得更活泼可爱了。后来班上其他女孩，也都喜欢扎辫子上学了。我就趁机会讲一些保持头发清洁美观的事给她们听，"扫把星"的阴霾也就一扫而空了。

4. 穷孩子也能生活得很快乐

我带班级，总希望照顾到每一个学生。我常想，孩子生下来几乎就决定了他的命运：生到穷苦家庭就是穷苦命，生到富

（八 老师的苦心和无奈）

有家庭就是富有命；有些人更不幸，生下来就肢体残障或心智障碍，他注定就得过着与生俱来的痛苦生活：这是多么不公平的事。他们的父母也无能为力，他们老师的能力更有限。心地善良的老师，能不因为贫穷、身心障碍而歧视他，而增加他的痛苦，让他在班上也有一点立足地，那已是他的造化恩赐了。

在小学里，家境清寒的学生每个班级都有，只是多少及程度上的差异而已。我接班级后，首先就从学生资料卡中去找寻，接着我会利用平时与家长接触或家庭访问时去发现。一旦发现穷苦的孩子，就设法帮助他、宽慰他。我能力有限，尽力而为。最常用的方式是，买些文具送给他们，募捐或搜集一些衣物送给他们。学校也常常有乐捐活动，这些孩子每到乐捐就愁眉苦脸，抬不起头来。我常在内心中反复思量：穷孩子、成绩低的孩子难道就没有快乐的权利吗？所以每到乐捐的时候，我都鼓励家境清寒的孩子跟爸爸妈妈说，捐一块钱也是我们的心意，不必在意捐多捐少，等到我们家庭富有的时候，我们再多帮助别人一点就好了。就这样，每到学校乐捐的时候，我班常常保持"人人乐捐"的记录，但捐的总金额没有别班多，这也是没办法的事。

这几天因为母亲节快到了，班上要捐钱买皱纹纸，那几位穷孩子又发愁了。我还是用老办法、老说词对全班说："让周家良他们几个少出几块钱，他们目前比较困难，别的同学多出一点算是帮助他们，但是你们要知道，将来他们可能是大老板，到时候他们会拿更多钱去帮助别人。"

"这次买皱纹纸，我希望每人买一束，每束十四元台币，周家良他们几个每人出五块钱就好了，你们和别的同学共享一束皱纹纸。"有的孩子说:"老师,不要叫他出了,让我自己买,我跟他共享好了。"

我又告诉大家,做康乃馨颜色越多越好。我建议全班八排,每排买一种颜色,买回来裁开来大家一起用,每个人就有八种颜色可用,既省钱,又有趣。这就是大家通力合作的好处。

结果全班都很高兴,穷孩子也不再愁眉苦脸了。

5.只为了一个学生

我下定决心不放弃任何一个学生,不管他的生活史或现时状况如何,我都要设法救他。即使不能百分之百救得了他,总要让他有所改善,哪怕是改善百分之一二也好。

有这么一个孩子,他叫周正伟。学校开学后,通常总是课本和作业簿无法立即分发。我接新班后,为了珍惜时间,我强调"立即开始学习"。上课第一天就在黑板上写出:明天开始,每个人都要带一本作业簿或带一张纸来,另外带一本故事书来,我们可以马上开始上课。第二天每个人都做到了,只有周正伟自己枯坐在那里,有时还干扰别人。我发现后,问他:"你昨天有没有听见、有没有把黑板上的话抄下来?"他说:"有哇!""你准备了没有?"他随口应答:"故事书,没有哇!作业簿,没有哇!"

至此我已发现,这是个有问题的孩子。我盯着他问:"今天用心抄,不要再忘记好吗?"他轻率地答:"好哇!"第三天还是没带任何东西。我问:"你抄的呢?""丢掉了。""为什么?""又没有上课。"而且一边答话一边东张西望,东摸西摸。

我又问："你家有没有故事书？""看过了哇！"我发现他很会说话，很会编理由。这种孩子，你凶他、骂他都没用。我仍用老办法，拉拢他、宽慰他，替他向他座位周围的同学求情，借东西给他使用。新接的班级，师生都很生疏。我说："我们现在彼此都不认识，过几天就成好朋友了。朋友就会互相帮助，今天你借东西给我用，说不定明天你也会向别人借东西。大家借来借去，就成了好朋友。"好了，我替他借到东西了，但他得到了，也不在意。

为了改变他的想法，我对全班同学说，我们学习不是一次就可以成功的；就像各位小朋友，你们读过一年级、二年级，为什么还要读三年级，将来还要读初中、高中甚至大学，为什么要读那么久呢？因为我们要学习做人的道理和做事的方法，都要经过很长的时间；有很多事情也不是学一次就会了。要学很多次，有的书要读很多遍。不但在学校里、在教室里要学习，平时在家里也要学习。像现在，刚开学，还没正式上课，我们不浪费时间，我们大家马上就开始学习，这样才容易把书读会读好，才容易成功。

上面这些话其实都是对他说的，他很聪明，听了这些话，似乎也有所领悟和改变。后来我跟他的家长联络，先说他聪明、领悟力强、懂得很多事、口才又很好，这是他的优点。我说，孩子在家里是父母的宝贝，在学校是老师的宝贝；他好，我们希望他更好；他不好的地方、我们希望他慢慢改好，例如他漫不经心、常常忘记带东西、忘记写家庭作业，请家长配合，常常提醒他。家长也很明理，肯配合，但不能持久，过几天又变回老样子。于是再设法，把他的座位移到前面一点，让我随时

好妈妈与好老师

能注意到他，下课时也能跟他搭讪几句话。另一方面继续跟家长联络，把他的状况告诉家长，请家长继续关心他。这样的电话联络，有时也见面交谈，不知有多少次。

有一次他又忘记带作业簿，我问他怎么办，他淡淡地说没关系呀，等会儿有人会送来呀。正说着说着，一转眼，走廊上来了一位老爷爷，满头大汗，像是赶路来的。我问，这是谁的家长？周正伟举手说是他爷爷，而且还有点得意的样子。我真想骂这个不懂事的孩子。但当着老爷爷的面还是谢谢老爷爷给他送作业簿来。下课后我把正伟叫来，问："你爱不爱你爷爷？""爱。""爷爷给你送簿子来你怎么不谢谢爷爷？""忘记了。""好，这次忘记了，以后要记得说谢谢爷爷。还有，你看爷爷这么大年纪了，走得满头大汗，你会不会觉得不好意思？""……"点点头不讲话。

上课后，我很快对全班同学说："常常听同学说，等我长大了，我要孝顺父母。可是有时候老师想，孝顺父母或爷爷奶奶，不一定要等你长大噢，也不要只说不做噢，你要孝顺的话，随时都可以做到噢。例如有的同学常常忘记带东西，常常要父母或爷爷奶奶送来，他们年纪大了，有的人又很忙，还要给你送东西来，如果你细心一点，不再忘记带东西，他们就不再担心，不再给你送东西来，这不就是孝顺父母或爷爷奶奶了吗？""……"我接着说："好，从下星期开始，我们比比看，谁最不会忘记带东西，谁最没有要家人给他送东西来。做到的人，生活与伦理课加分。全班给他鼓掌，这样好不好？""好！"

这样对他也没起作用。后来发现他还有另一个毛病，写作业会偷工减料，五题数学他只写两题，顶多三题，中间漏掉几题不写。我发现后，决心做一次家庭访问，好好跟他家长谈一谈，看看家长什么态度。第一次扑空，第二次终于找到他奶奶。这才知道他爸爸妈妈没住这里，只有爷爷奶奶和姑姑住在这里。奶奶抱怨他爸爸妈妈把孩子丢在这里不管，孩子又不听话，放了学就不见人影了。最后用电话跟他妈妈联络上了，她嘴快话多，千恩万谢老师很照顾她阿伟。我除了把孩子的优点再说一遍外，直截了当拜托她叫他不要忘东忘西，写作业要认真，不要偷工减料。并说，这孩子是可造之材，我们共同来教导他。

我以为这次应该有救了。但是，改善了一阵子后又是回到原点。他既然如此变来变去，我也就想办法跟着他变。他兴趣维持不久，注意力也只能维持三五天。他还有贪嘴、抢别人的东西吃的毛病。

有一次讲彰化陕西村黑面将军的故事，讲到最后我问大家，为什么黑面将军初到彰化时带来的人很少，后来越变越多了。大家答不出。周正伟举手说："老师，我知道，他带来的有男有女，男女结婚了就会生小孩，所以人就越来越多了。"我对他大加称赞，并将这件事告诉他父母，夸奖正伟是可造之材，我们要共同努力栽培他。我并趁此机会买了一些糖果、小零嘴放在办公桌的抽屉里，过一阵子就找机会给他吃一些。并对他说，以后你想吃，就来向老师要，不可以抢别人的东西吃。他有点不好意思地点点头。

经过这许多努力后，正伟有了一些改变，写作业比较认真了，偷工减料的现象减少了，忘记带东西的情形也减少了。我又一直注意他的优点，小小的优点也加以鼓励肯定。他比较会说话，就让他做说话的小老师。他写作业中的造句很有趣，就叫他做造句的小老师。

就只为了这一个学生，我不知费了多少心力和时间。最后虽没全部成功，总是慢慢在改进中。我有时候巴不得自己有神力或特异功能，救每个孩子都心想事成、都非常成功。可惜我能力有限，只能尽力而为。

6. 学生 / 家长 / 老师之间的角力

在教学生涯中，最吃力也最有趣的是，老师和学生及家长间的拔河。我在"运动会的考验"中提到，我是个不会教体育的体育老师。但我班在那次运动会中却表现优异，包括得到全校拉拉队总冠军和全学年拔河冠军。拔河取胜的唯一要点是选手要"站稳脚跟"。我/学生/家长三者之间的拔河，我自己必须站稳脚跟。我也常常自我警惕。

我不偏心、不放弃任何一个学生，自己言行一致……这是我的基本重点。绝对站稳脚跟。

有这么一个案例。案主刘立浩，我接班时发现他胆怯、说话吞吞吐吐、写作业漫不经心、常常迟到、常常忘记带东西、有时像是有委屈的样子，他却生性单纯，什么事都不放在心里。有两次我发现他忘记带作业本，轻声问他一下，他居然哭起来，而且哭得很伤心。我跟家长联络，白天联络不上，晚上联络上后发现，妈妈能言善道："我就有这么一个孩子呀，他很聪明，又很独立，喜欢别人鼓励，不能用强制的，所以我不太管他，希望他有个快乐的童年。"好啊，我满心欢喜地以为遇到一位好妈妈，就把自己教导学生的原则、方法、态度说给她听。但我也先表明，我不放弃学生，不养成学生逃避、投机、懒散的心理和习惯，自己该做的事一定自己做。（这就是站稳脚跟）第一次接触大体还算愉快。

　　过一阵子，家长电话说，他孩子座位不好，看不清黑板，希望换到中间，表示对他孩子重视，也好让孩子看清黑板。我看过立浩的学籍资料，他视力没问题；他个子很高，坐在哪里应该都可以看清黑板。（这也是站稳脚跟）因此回应家长："我每星期换一次座位，让学生有交新朋友的机会。你是懂得的，身材高的不能会在前面的中间，以免妨碍别人，我可以让他坐中间一两天，但长期就不好。"立浩常常不写作业。妈妈说："我不希望孩子将来靠写字吃饭，我也不知道老师分配的作业是什么，我也不知道他写了作业。"我心平气和地说："没问你呀，下次你看看联络簿就知道了呀。"她又说："孩子写得那么潦草，我不认识嘛。"我还是心平气和地说："他是你的宝贝，也是我的宝贝，我有四十多个宝贝，你只有一个，还是请你多关心他一下吧。你说他写字很潦草，就是这样我们才要多注意他，希望他以后能写好一点。我也会叫旁边同学留意一下立浩的联络簿，应该让你认识才对。"好了好了，谢谢老师。语气不太好。立浩的行为也没有改变，也还常常迟到。妈妈说孩子起不来，所以才迟到。好像满有理由的。我说："看看呀，他为什么起不来呢？睡得太晚吗？可不可以早点睡？他迟到，影响他一整天的学习，也往往一整天都不快乐。而且这时候他一个人上学，没有同伴，路上也不安全啊！"

　　家长只是口头配合，但始终未见改善。联络簿上签了名，但孩子该做的没做，随便胡乱应付，家长也签名了事。我又电请家长来校。妈妈来了，态度很不好。我把联络簿拿给她看，她说昨天见孩子写得很晚，怎么会没写呢？当着老师面凶孩子："你是很诚实的呀，为什么要骗妈妈！"我劝她别生气，回去慢慢跟孩子谈。我告诉她，孩子是有很大弹性的，我们都来关心他，相信他会改变的。以后老师会更加关心他，更认真督促他上课、读书、写作业；家长能在百忙中给孩子联络簿签名，老师很感谢；签名等于认可，如果在签名时能看看，他到底写了没写，写得怎么样，那就更好了，孩子也许不敢再马虎了。妈妈又为孩子辩护："我们立浩很善良，常常被别人欺负，他都不说，也不敢说。"我说我会留意，也会鼓励立浩受欺负就来告诉老师，老师就会处理。事实上，立浩比较懦弱，但又好动，常常跟同学摩擦，还会耍脾气，摔别人的东西，撕别人的本子。我也将这些情形告诉她，她却说："立浩不会这样，一定是受欺负才还手，他是善良的孩子，他不会这样。"

几次交往后我发现，问题的症结是父母无暇照顾孩子，嘴巴说得很好，实际都没管他；也没时间和孩子在一起，又不肯面对真相跟老师配合；更不幸的是，爸爸还常常打他。孩子怕打，就畏畏缩缩，心里很孤单寂寞；无时间观察，做什么事都不能持久，得过且过，不逼就不做。为了多少改变他一些，我只好孤军奋斗，不再寄望家长配合。从一些小事着手：分整练习时，将他分在老师眼前，少分一些，分容易做的给他；二人一组，分一个喜欢做事的跟他同组；也常换组。我并暗地告诉同组的人留一点容易做的给他做。一旦发现他做了，就称赞他，奖励他。他喜欢吃零食，就用零食奖励他。后来发现他比较会

"造句"，就多出些题给他做，造得好的就当堂发表，全班鼓掌，让他有成就感。后来又叫他当造句的小老师。慢慢地，他做事有信心了，也比较有耐心了，迟到的情形也有些改变了。最重要的是，他和老师越来越亲近了，越来越敢跟老师讲话了。

7. "我的孩子不要当老师"

方家财按说也算个好学生：成绩中下，也不犯规，如果再努力一点，还有上进的空间。我也试着鼓励他、引导他，只是效果不大。他每天上学似乎都懒散散的，无精打采，有时候还会在上课时打瞌睡；家庭作业老是做不完。我想进一步了解一下他的家庭状况，但是打了很多次电话都没人接。有一天下午有两节是科任老师的课，于是我跟主任报告一下，就骑着机车去他家作一次家庭访问。找到他的家，家中无人，隔壁好心邻居告诉我，前面那个铁工厂就是他爸爸妈妈工作的地方。

我走过去跟他爸妈打了招呼，说明我是家财的老师，想跟他们谈谈家财的事。他妈妈表示很感谢，追问是不是家财犯了什么错。我忙说"不是，不是"。他爸爸接着说："没犯错就好，老师有话快点说，我们很忙。"他的态度让我心都凉了。我就简单地说了一下家财的情形："他是个好孩子，没犯什么错，只是每天精神不是很好，常常上课时打瞌睡，家庭作业也常常没做完……"

"好了好了，我们家财将来又不要当老师，我有工厂，他小学毕业后就来自己的工厂工作，长大了，我就叫他当'厂长'，什么家庭作业不作业，他放学回家就来这里工作，这个对他才重要……"

他还想说下去，我抢着打断他的话："方先生，你这样安排也很好，但是现在孩子还在上学，时光很宝贵，我们当家长、当老师的，能想办法帮助他多读一点书，说不定他将来……"

"没什么将来不将来的，老师我问你，你当老师每月赚多少钱，恐怕连我当老板赚的一半都没有，读再多书有什么用！"

"是啊方先生，我当老师赚的钱很少。但是我能教很多孩子，能让他们学很多东西，说不定将来有人会做大事业。所以我喜欢当老师，我希望把每个孩子都教好，将来人人都做好人，人人都做大事。前途不可限量！"

"好了好了，什么前途不前途，我有工厂，我家财将来当厂长会赚很多钱，比你们做老师好得多。老师你不用替我们家财操心，你请回去吧，我们还有很多事要赶工。"

辞别了方家财的爸爸妈妈，我一路上流着眼泪，不是为自己；我立志当老师，从来不后悔。只是为方家财抱不平，这样一个好端端的孩子，他的一生会怎样，谁能预知呢？谁又能拉他一把呢？

八 老师的苦心和无奈

九 老师的小撇步

1."审案"的绝招

老师不是法官或检察官，但有时候也会"审案"。有一次班上有个小朋友丢了一百块钱，他怀疑是同座位的某生偷去了。某生有偷东西的"前科"，但每次都不承认，老师也拿他没辙。这一次我又问他，他嘴巴很灵、很会辩，怎么问都问不出个所以然来。后来我发现他每次回答老师问话时都会停顿一下，想一想后才回答。我马上灵机一动，叫他不要停、不要想、老师问一句他答一句。在我很快问、问得很简单、叫他很快回答，几问之下他接不上了，结果只好承认了。

案子是问出来了，怎么处理也得考虑。在不伤害他的自尊心的原则下，我跟他的家长商议，让他把赔的钱带来交给老师，由老师转给失窃的小朋友。不对外宣布。但老师私下再三叮咛他不可再犯，告诉他偷窃是不光彩的行为。老师并请家长不要打骂他，要好好劝导他不可再犯。后来我叫这个嘴很灵巧的学生当说话的小老师，从此就变好了。

2.鼓励说话的撇步

我一向主张小朋友要多说话，当然就常常鼓励他们多说话。有些小朋友本来就多嘴多话，这样的孩子不必鼓励就抢着说；对这样的孩子我就进一步教他"会"说话，包括说话的时间、地点、内容、速度、有重点、口齿清楚等等。特别强调在人多的地方不要抢着说话、不可打断别人的话、该自己说的时候才说、说的时候简单明白，不占用太多时间等。

有些孩子胆小不敢张口，或口齿不清，或成绩不好，在班上不受重视。对这些孩子就必须多多鼓励，设法让他敢开口、敢说话。我的办法是：

老师设法制造话题，或找机会跟个别孩子接近，从日常生活上的小事跟他攀谈。例如问他早上吃什么、几点钟起床、谁做早餐给他吃、谁叫他起床之类；如此一次两次之后，就会跟老师接近，就会敢说话，别的小朋友也对他另眼看待了。

找会说话的小老师带他、教他、陪他说话。例如先陪他站在自己的座位上说话，再陪他站在讲台前面说话，最后才陪他上讲台说话。

用游戏的方式学说话。例如玩接龙游戏，甲生说上半句话，乙生接说下半句话。重要的是，老师不讨厌学生说话、不禁止学生说话、并不厌其烦地鼓励学生说话。在鼓励他们说话时，我常常强调，今后的社会，处处都需说话，会说话的人才有好机会、才有好出路。有一位老师为了禁止学生说话，用胶布把学生的嘴巴贴起来，她对自己的这一招还扬扬得意。

3.拉近师生关系的偏方

有些老师"不粘锅"，跟学生保持距离，甚至挑明了对学生说，没什么紧要的事不要来找老师。三年级的孩子，如果是这样的老师教出来的，在这种不利的环境生活了两年，跟老师的关系就很淡漠，甚至怕老师、躲老师。

我会设法拉近跟学生的关系，最常用的方法是：

找机会或制造机会跟个别学生接近。例如上厕所时邀她陪老师，在来回的途中找话题跟她聊。几次之后，师生的距离就拉近了。

让他感觉受到老师的重视。例如老师常常找他做事，上课时老师的眼睛常常看看他，或对他微笑，或常常给他表现的机会。课外时间常常有意无意地接近他，拍拍他的肩或摸摸他的头。家庭访问时请他作向导。

安排他跟班上服务同学作事，借着服务同学经常接近老师的机会，让他像服务同学的"跟班"一样，增加他接近老师的机会。

重要的是，老师不排斥任何一个学生。特别是在某些方面居于弱势劣势的学生，不但不排斥他，反而设法接近他。多数老师都喜欢学生。但也有例外。我曾听到某位老师说，她的班上没有一个可爱的学生。也有老师不喜欢闻到学生身上的汗臭味，就在教室里自己桌子四周的地上划一道红线，不准学生越过红线。这就无法拉近师生距离。

4. 学生车祸住院了

赵心平车祸住台中中山医院，当天我对全班小朋友宣布，过去老师一再提醒大家，无论搭车或走路，都要特别注意自己的安全。听说这次赵心平是坐在爸爸机动车后面被别人撞到的，这当然不怪她。我们大家盼望她早日康复回来上课。我们也要去探望她。

接下来我就带全班小朋友设计一张很漂亮的慰问卡，每个小朋友都签名；又推选男女同学各二人，又买了一束鲜花，再加上一条绑头发用的丝带（因为赵心平是绑辫子的）。去的时候叫计程车，司机先生知道我们是去看学生住院的，超载一人，他说没关系，四个小朋友加一个大人，也不算违规，下车时还优待我们，少收二十元。当天心平的爸爸妈妈都在病房，他们很高兴，妈妈甚至感动得紧紧握住我的手，眼泪都流出来了。四个小朋友一起拥到心平面前，彼此拉着手，没讲话，这时心平也流泪了。

回程时搭公车，事前告诉学生要排队候车，上下车时要跟司机先生打招呼、说谢谢。如果有座位，要让老师先坐；如果见到老爷爷老奶奶上车，要知道让座位。第二天早会时，我让四位小朋友推出一位来报告昨天看病人的经过；又让另一位作补充。从决定制作慰问卡，一直到报告经过，整个流程就是一个完美的教学单元，相信全班小朋友都留下深刻的记忆。

更重要的是，原本不太热心学校事物的赵先生和赵妈妈，从此也变得特别热心了。

5.小小的诱因也会改变学生的行为

我班上有几个家境清寒的孩子比较贪嘴。还有两个孩子会抢别人的小零嘴吃。这些孩子平时都没有零用钱，因此就会出现贪馋的行为。我参考行为心理学家增强理论的说法，就针对这几个孩子的需要，假借"增强"的机会给他们一些小零嘴解馋。怎么叫"假借增强的机会"呢？增强就是奖励，有好的行为表现才给奖励。有些孩子几乎不可能有什么好的行为表现；就只好设法制造事由，让他有表现的机会；即使他所表现的行为根本不算什么，也公开或私下称赞一番，并以小零嘴作为奖励的实物。我办公室和教室的桌子抽屉里，经常存放着各式各样的糖果、饼干之类的小零嘴，随时都可派上用场。

别小看了这样小小的诱因，用得适当，日久也会改变小朋友的行为。至于不缺零嘴的孩子，就用别的诱因。只要针对小朋友的喜好或需要，加以适当的增强，都会有好的效果。

6. 用一点心机与家长周旋

人之不同，各如其面。学生家长形形色色，要想面面俱到、应付得人人满意，非常不容易。很多朋友都说我很周到、很有心，所以才会得到家长的支持，办起事来才会特别顺利。其实这样说也没错。我平时对每一个人都客客气气，跟他交往时都会留意他的家庭背景、个人嗜好、对子女的态度等等，记在心里，作为日后交往谈话的参考。对不同的家长，用不同的方法跟他交往周旋，这固然是小心眼小心机，但却很必要且很有效。最常用的方法是：

对做小生意的家长，经常照顾他的生意。

借机会跟他攀谈，并称赞他的孩子如何乖巧可爱、他卖的东西物美价廉等等。

对喜欢戴高帽的家长，遇机会就送一顶高帽子给他。

每个人几乎都喜欢别人给他高帽子戴，有些人特别喜欢。

但也要注意适当，不能让对方发现你是虚情假意。

有些家长喜欢在实物上占小便宜，我就设法让他的孩子占点小便宜。

例如给他一支铅笔、一块橡皮擦、几张色纸或画图纸。周末我跟先生去爬山，路过路边农家卖竹笋、地瓜、玉蜀黍之类的山产，买一些分送给他。经济实惠，很有效。这是用心不用心的问题，只要用心，人人都会做到。

有些家长特别偏袒自己的孩子。

我会跟着他起哄，说他的孩子聪明又可爱。并强调，孩子在家是你的宝贝，在学校是我的宝贝，你们家只有一两个宝贝，我班上有四五十个宝贝；如果照顾不周，还请你原谅；也请你帮忙，多照顾你的宝贝。

我经常会跟多嘴多话或护短的家长穷磨咕。

"老师啊，我家大宝常常被人欺负。"（其实是他常常欺负别人）"是吗？我会留意，并请你告诉大宝，有人欺负他就告诉老师。我会处理。"我也回嘴告诉她："有一次大宝撕别人的簿子、摔别人的饭盒，你知道吗？""我没听他说过，那一定是别人欺负了他，他才还手。"我也跟着她说："可能是吧。我也没听大宝说过。再被欺负的话，叫他一定告诉老师。"

有些老师"怕"家长，不喜欢跟家长打招呼。尤其某些家长在大机关服务或在高中、大学教书，某些家长有钱有地位，或某些家长曾找过学校麻烦，批评过老师毛病等等，一部分老师就会对这些家长敬而远之。其实每个人都有优点和缺点，每个人也都喜欢受人敬重。我对比较特殊的家长，总是设法多接触，彼此有机会多了解，就会减少阻力增加助力。

7.用美劳带动学习兴趣

每个班级都会有几个学习迟缓的学生；有的学生因为种种原因学科能力很差，无法跟上教学进度；这些班级的"边缘人"多半自暴自弃，对各科学习活动都不感兴趣。有的还会惹是生非，给老师添麻烦。要想逼他在学科学习上有进展，因为落差太大，加上学习意愿低，几乎是不可能的。

在艺能科教学方面，我只会教美劳，对纸工较有心得，都是自己用心费力自学的。因为我自幼就是流亡学生，艺能科多没教过也没学过。我在教学过程中偶然发现，班级中的边缘学生对美劳多半很有兴趣，也比较有学习能力；因此就从美劳下手，特别是纸工方面，从简单的开始，让他们很快就见到成果，很快就有成就，学习的情绪就很高，进步就很快。智能偏低的，经过反复指导，也能渐入佳境。在教美劳、教纸工时，我不计工本，免费提供各种材料，而且用多用少都不加限制。低成就的边缘学生多半家境较清寒，不必自己花钱就能得许多学习材料，对他们来说也是一种很好的诱因，因此学起来就特别带劲。

后来我更发现，所谓"学习迁移"的现象确实存在。每个在美劳纸工方面学习有进展的学生，各种学习兴趣都会渐渐提高；特别是行为改变最为明显，惹是生非的现象大大减少。因此，我常用美劳带动学生的学习兴趣，也算是一记小小的撇步。

8.角色扮演好处多

我说过，我没有什么特殊才能，尤其没有表演的技能。在

九
老师的小撇步

很多有趣的场合只能当听众、观众，不但很落寞，别人更觉得我很"异类"。正因为这个缘故，我特别重视才艺技能的教学，以免学生走上我的道路。除了美劳纸工外，我也很重视角色扮演，在我教的各科教学中，随时让学生扮演各种角色。角色扮演教学有很多好处，对学生各方面的成长都有帮助。包括：

学习肢体语言

担任任何角色都要有适当的动作和表情，这都是肢体语言。肢体语言得体的人，在社会上比较受欢迎，做起事来比较容易得心应手。

对说话有帮助

扮演任何角色多半都要说话。"会"说话的人，知道哪些话该说、哪些话不该说、扮演什么角色就说什么话：这对说话训练很实用，很有帮助。

可以培养同情心和同理心

扮演不同的角色，说不同的话，就会有不同的心情。同一个学生，有时扮父母，有时扮子女，甚至有时扮小狗小猫、小鸟小鱼，他就会慢慢体会出将心比心、易地而处的道理。时间久了，就会培养出同情心和同理心。

帮助能力差的学生成长

能力差的学生做什么事都怕怕地。在扮演角色时，将说话少、动作简单的角色让能力差的学生扮演；说话多、动作复杂的角色让能力强的人扮演。如此就会慢慢提高能力差的孩子的

好妈妈与好老师

自信心，在各方面都会渐渐成长。

促进小朋友间的互动

彼此同时玩角色扮演活动，增加互动机会，促进相互了解，对班级气氛的和谐极有帮助。

其实角色扮演还有很多好处：可使孩子身段灵活，不会像有些人老是板着面孔；可让能力差的边缘学生慢慢进入班级核心；没有朋友的孩子慢慢有朋友……

9. 随时随地给小朋友加油打气

老师是班级中的导演（有时也兼演员或观众），学生是演员。演员的情绪高不高、自信心强不强，跟演出的戏好不好有绝对的关系。因此，老师要随时随地给班上孩子打气，提高他们的士气和自信心。最简单但也最有效的办法是：

多鼓励少责备

孩子受到鼓励，就会信心满满。即使他有错处必须改正，最好也是先说好听的话给他听，再婉转说出要他改正的地方。我在批改作文时就采用所谓"三明治"的方式，先说他的优点，再指出他的缺点，最后告诉他什么地方稍加改正就会更好。

多说正面的话，少说负面的话

例如在唱"明天会更好"的歌时，不要说："你不努力，明天怎么会更好。"而是说："对啊，只要我们今天更努力，明天就会更好。"

对能力差的孩子，他做的事虽不太好，也设法把它说成"很好"

多用肢体语言鼓励孩子

老师的一个眼神、一个笑容、摸摸孩子的头、拍拍孩子的肩膀、拉拉他的手、抱抱他，对孩子都会产生很好的鼓励效果。

我就用这些方法（其实还有很多方法）鼓励小朋友。运用之妙，在乎老师是否有心。尽管满教室都是他人的子女，看在我眼里就像我自己的孩子一样。任何情况下我都不会浇孩子的冷水，让孩子受伤害。这是我的基本态度。

10. 机会教育很重要

老师要随时随地留意学生的言行，必要时，就抓住机会施以适当引导。有一次放学时，我和几个小朋友走在一起，一辆计程车从我们身边很快开过去。有位小朋友说："我最讨厌计程车了，每次都开很快，每次又都要很多钱。"我当然不同意他的说法，何况同行中有个学生家长是开计程车的，怕他听了不高兴，于是我随机说："其实计程车是很重要的交通工具，开车司机也很辛苦，他要赚钱养家，供孩子上学；有时我们遇到急事，像是急病送医、妈妈要生孩子等，公车也不能开到我们家门口接送，计程车一叫就来，很方便。计程司机有时开快车，说不定就是有急事。"

说毕，我瞄一下计程车家长的孩子，脸上露出会心的笑容。

那位讨厌计程车的孩子，也点点头有所领悟。

11. 奖励是很好的武器

武器要随身携带，以便必要时使用，但却不能滥用。滥用奖励会失效，滥用惩戒会伤人。政府严禁体罚后，有些老师就放任学生不管，不但不加约束惩戒，连奖励也丢弃不用了。行为心理学者有一套很好的"增强"和"消弱"（负增强）原则，有些原则我常拿来运用：

奖善于公堂、规过于私室

这是中国老祖宗的名言。行为心理学者也是这样主张：对好的行为应予公开奖励，让受奖励者感到光彩，让其他人见贤思齐；对不好的行为应私下惩戒，以免伤到受罚者的自尊心；如果要提醒其他人引以为戒，也是只提"事"不提"人"，以免受罚者受到二度伤害。

及时奖惩原则

无论是好行为或不好的行为，当行为发生时，最好是立即施以奖励或惩戒。奖惩的时间与行为发生的时间越接近越好。

针对学生的个别情况施予奖惩

对手头阔绰的学生，用实物、食物、小零嘴作奖品，不但无效，甚至会引起反效果。也就是说，奖励要投其所好，用他希望得到的东西作奖品；惩罚要投以所恶，用他讨厌或在意的

事物作惩戒；如此才比较有效。

奖励的几率和方式要有变化

钓鱼为什么那样吸引人，就是因为无论是放长线钓大鱼、或放短线钓小鱼，鱼儿什么时候上钩、多久才上钩一次、上钩的是大鱼或小鱼、是什么样的鱼，钓客都无法预知。这样才吸引人。奖励也是如此，奖励机会、奖励方式、奖励物品，都不可一成不变、流于形式。

要从物质奖励逐渐提升到精神奖励

要让学生逐渐发现精神上的收获，才是真收获；心灵上的快乐，才是真快乐。老师要多用精神奖励，慎用物质奖励。一句称赞的话或一个小小的爱的肢体动作，对孩子都是极大的奖励。

我很少惩罚学生。惩罚是消极的，能不用就不用；奖励是积极，可多用但不可滥用。能让学生自尊自爱，避免受到惩戒；能让学生重精神奖励而轻物质奖励，这就需要老师平时的引导。更重要的是，让学生心理常存一个是非，看重自己的荣誉，不管老师在或不在，都能做自己该做的事，不做不该做的事：这才是奖惩的终极目的，也是教育的终极目的。

✚ 做老师的善后告白

1.退休后的检视与反省

我常说，做任何一件事都应有一个善后，而好的善后才算那件事的完成。我自幼立志当老师，我也终于当了老师，并做完任期而退休了。既然退休了，自应有个善后的交代。

善后，就是检视与反省。我做老师只有二十余年，因为结婚生儿育女当一个全职的妈妈十多年，直到幺女老五读小三时我才"复出"。二十多年的教师生涯，想一想虽不满意，但尚能接受。

我没有什么长处，只是在扮演老师角色时全力以赴而已。

我从来没迟到、没早退、没请过病假，只请过两小时的事假去参加孩子的毕业典礼。

我带的班级学生都平平安安，没发生过大小事故。

我爱每一个学生，不忍心看到任何孩子受委屈或不快乐。我不曾放弃任何一个学生，并设法让每个学生每天都高高兴兴上学，快快乐乐回家。

我总觉得自己能力不足，必须多学习，我也喜欢学习；我随时随地都在学习，这样做相信对学生也有好的影响。

有人说我是个妈妈型的老师，我倒也欣然接受，觉得满不错的。

2.妈妈型性格的历练与形成

追根究底来说，我的妈妈型性格是由多方面历练形成的。

幼年上学和逃难受苦期间，老师叫我当班长，什么苦差事都叫班长领头做：包括偷麦穗、讨饭讨粮、磨面、纺棉线、替同学理发、照顾生病同学等等，我必须克服困难完成任务。这段期间对我的性格和成长影响很大。

我妈妈给我的榜样：妈妈是位少见的贤妻良母型家庭主妇，凡事都刻薄自己，宽待他人。自己不吃不喝也不让孩子和丈夫受饥寒，也不让乞丐空手离开；我的后奶奶百般刁难我爸爸、百般虐待我妈妈，等到后来我后奶奶受穷受苦时，我妈妈还是百般孝顺她。这就是妈妈给我的身教。

我爸爸给我的警惕：他满腹学问，做人正直，望子成龙心切，自己亲自教导我哥哥和我弟弟读书，用打骂严苛的方式最后把他们逼得逃家不知去向。这是爸爸给我的惨痛记忆和警惕。所以我对子女和学生都不施打骂。

我自己"知"和"行"的矛盾。浅薄无知的我，接触了一些儒家的道理，总觉得儒家思想太局限人，更不同意范仲淹先忧后乐的人生态度，但奇怪的是，我做人做事又规规矩矩，随时随地替他人设想，自己再苦都没关系：认为这样才像人、才算人。

我也受家人的影响：我先生——特疼爱孩子，从来没打过孩子；我的五个孩子从小到大都很乖巧，读书不用我操心，成家做事都顺顺当当：这些都是我这妈妈型性格的基础和本钱。可见我之所以成为如此这般的一位老师，是很多因素促成的，历程也是很艰苦的。

3.我的教师生活状况

想想看，妈妈型老师是个什么模样，可能很难描绘。我只能就我平日生活状况做一简单勾画：

每天马不停蹄忙着学生的事情，乐此不疲。有位家长对他的孩子说，你们老师是不是铁人，怎么不会累？

我何尝不累！每天下午放学回家，早已累惨饿惨，因为太饿了，胡乱扒几口冷饭、吃几口冷菜剩汤，澡也不洗倒头就睡。因为吃饭狼吞虎咽，常常是吃后胃痛难受，折腾好久才能入睡。第二天一大早到校，又像一条活龙。

最悠闲得意的半天：有一天下午，难得逮到半天空闲时间，跟主任报告一声，自己就骑着机车到台中市第七重划区去兜风；新开的马路平坦开阔，行人车辆很少，我一个人开怀地骑，慢慢地逛，那是我二十多年老师生涯中最悠闲、最得意的半天。

学生经常在周记中写："王老师比我妈妈还爱我。"因此，常常是学生笑、我也笑，学生哭、我也哭。尤其看到学生课业有进步、行为有改善，我最高兴了。

试摘录一则我的日记，印证我教学生活的一天："（1977年11月14日）今天上课很高兴，虽然跟平常一样，有点不同的是，昨天放学时我的小淘气又惹了麻烦，事后让我很不舒服。今天开会时本想再说说他们，但是看看他们几个像是完全忘了昨天的事的样子，孩子就是这样，我也不忍心再提起了，免得破坏今天上课的气氛。上课，照常上课，整天师生感情都很融

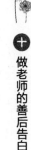

洽；小淘气们也没再出什么花样，全班小朋友随时都面带笑容，专心学习，每个人的眼神都炯炯有神，这是我最喜欢看的神色；我也教得很忘我、很起劲，恨不得把他们要学的，一下子都教给他们，更希望他们都能明白，而且牢记不忘。一整天下来我都没感到疲累。回到家里，只觉得口有渴，很想喝水，并不想吃东西；心里充满了喜悦。水也不喝了，赶快把这段美好的事情记下来。也要写信告诉在外地视察的翘。他是我的最佳拍档"。

4.我的遗憾

我喜欢学校，我热爱学生，当老师我全无遗憾，但是我还是有遗憾，我自己能力有限、时光更有限，不能照顾更多学生，无法付出更多心力，就如此这般地退休了，能不遗憾？

我是抗日期间的流亡学生，深知贫困学生的痛苦。因此，当我发现因贫困或其他原因而居于弱势的学生，我就多在他身上花些心力；当我自己家庭负担稍轻时，我就开始在台湾和大陆故乡多所学校设置清寒学生奖助学金；1991年退休时，我又捐出退休金二十万元台币给我最后服务的台中市黎明小学作奖学基金：凡此种种，既以弥补遗憾于万一，亦以弥补我未竟心愿于万一。

另一个遗憾是，我幼小立志当老师，当了老师好孝敬父母，但是我当了老师，于今也退休了，却不曾一日一事孝敬父母，连父母最后终老何处也不知道，真是既遗憾又罪过。虽然这是时代的悲剧，很多人也跟我一样，也只有徒呼奈何了！

5.来生还要当老师

　　我爱学校校园的清静，我爱学生的天真无邪，我爱老师工作的挑战和有趣。因此，如果来生有缘，我还是要当老师。

结语

本书在内子王廷兰老师辞世一年后开始运思筹划，在五南公司善意支持下加速选录资料及文字整理，现在终于完成面世。由于相关日记记事资料很多，时间也有限，书中难免有疏失或不符合王老师原意旨趣的地方，敬请高明读者不吝指正。并请王老师于冥冥中多加宽谅。

古人云"开卷有益"。当此信息丛杂的科技时代，人们"开卷"未必"有益"，甚至未蒙其益先受其害的事例也屡见不鲜。本书既系从拥有五个博士的妈妈及台省优良教师双重荣衔的王老师日记和记事资料中选录而成，并以王老师的名义印行，它该是一本正面的、有益的好书。学生家长和小学老师如能拨冗一读，或许可从书里有趣的教学事例和带孩子的经验中得到一些有益的启发。这不仅是负责文字整理的笔者所期盼的，相信也是冥冥中的王廷兰老师所乐见的。

附带说明，本书附录中所摘录的学生和子女纪念王老师的文字，因时间仓促，未能征得原作者同意，特此致歉并致谢。

熊智锐

结
语

 **学生的口碑——摘自王廷 兰老师纪念文集《春风化 雨满庭芳》**

1.五十个心灵交会的故事

王老师是我们小学三四年级的级任老师。

"大约四五十岁的年纪，没有亮丽的外表，有点严肃，沉稳而友善。"这是我这个生长环境封闭、单纯、缺乏生活经验的小学生，在开学时对新级任老师的第一印象。

对我这个内向而沉默的小学生来说，上学是每天生活的一部分，谈不上喜不喜欢；而老师则是令人敬畏的，更要小心面对才行。

王老师来到班上后，所有的学生都喜欢她，因为和老师在一起，仿佛在春风里，是那么的畅快自在，让人期待。同学们每每围着她，彼此互打小报告，问一些琐碎的问题，或者听她的提示、指令，既让人兴奋又让人愉快。因此只要有机会，同学就会跟着她、黏着她，即便是我这个内向、被动、又沉默不多话的小男生，也在其中。王老师就是这么一位在坚毅脸庞中充满慈爱、极具吸引力的老师。

那些日子依然令人回味：我们每天抬头挺胸、手放背后，饶富兴味地听她说话上课，毫不觉疲累；下课时，排队到她跟前背课文，背完整的，可以在课本上盖个章；在课堂上听其他同学的好文章；听她介绍郑丰喜；举手抢着打小报告或申诉。教室后面则有同学的作文，有她指导的绣球花、喇叭彩球，有着千变万化的剪纸装饰和色纸编织，还有成排的课外读物。

在课业中最轻松容易的，要算是"生活与伦理"了。倒不是因为它内容少而空泛，或者流于形式、八股，而是因为它就在我们的眼前，就在我们的耳中，就在我们每天的生活中。老师就是活课本，书上的内容都在生活中落实，在日常谈话中熟悉，也就不用再花工夫学习。

我们班是标准的大杂烩，顽皮的、温柔的、暴躁的、好动的、爱哭的、怯懦的、多话的、起哄的，不一而足。吵嚷起来天翻地覆，而我在班上排第一个——这是指身高而言，因为我又瘦又矮，小不点一个，所以排在最前面：既不够聪明，运动神经又差，字写得又慢又丑，图画、唱歌样样不行；在个性上，则是内向寡言，带点孤僻，胆怯又被动；既不会惹事，也没什么突出的表现，在班上毫不起眼。

在开学不久后，为了一件小事，老师竟当众表扬我，叫我到前面去，将我拥在身前。第一次被人这么对待，着实不自在，然而在她怀中有一种说不出的喜悦与满足。尔后的日子里，只要我稍有好一点的表现，一定会得到老师当众夸赞；而我在她的关爱下，耳朵变得更尖，眼睛变得的更利；对于她的任何教导，总是尽力去做。

中年级每周三、周六下午是不用上课的，每逢周三、周六下午，老师总会找些同学到学校，大多是表现不错的同学，而我常常陪列其中。在大部分的时间里，我们自己做功课、玩游戏，老师则抽空来探视我们，偶尔让我们帮忙做点学生测验的

好妈妈与好老师

初步阅卷工作。那些下午逐渐成为我的期待，直到长大后，才逐渐明白，那些日子对我的意义；才知道老师她为了拓展我生活的经验，提供我与同学相处、学习的机会，用心良苦。也因此我这个从未与老师单独对话，在人群中总是沉默无知的愣小子，总有机会跟着同学，到老师在大排水沟边的宿舍，到黎明社区的新家，跟着老师到百货公司、到牧场、到图书馆，她一再默默地帮助我成长。

无疑老师是最疼爱我的，在班上我拥有最多的赞美，还有她永不间断的关怀。毕业后，有一次，一群同学聚在一起，谈话中提到了王老师，其中一位同学脱口而出："以前王老师是最疼我的。"她说得是那样真切，当时没有任何人再说话，包括我在内。每个人都陷入回忆中。而我想着的是王老师的身影，并且我知道，其实我才是王老师最疼爱的。

同学的那句话，却经常在我心中回荡，我不断追寻童年生活、追寻班上的互动。我那位同学，恐怕是永远不会明白，在班上的我，虽然不起眼，但不只得到老师最多的称赞，连老师的关怀与用心，也要比老师对她的要多得多。她总在适当的时候，用最适当的方法帮助我。这些只有我最清楚，正所谓"如人饮水，冷暖自知"。

突然，我恍然大悟，老师与她编织的是另一个故事，一个与我的成长岁月时而交错、时而并行的故事。当时在我们班上，同时进行着五十个心灵交会的故事，而"王老师是最疼我的"这句话，其实就埋在每一个同学的内心深处。呵！要多少慈爱才能同时分给五十个孩子，像和煦的暖阳般照遍各个角落，同样灿烂呢。"青春舞曲"的旋律中，歌声重复唱着："我的青春

附　录　一　学生的口碑——摘自王廷兰老师纪念文集《春风化雨满庭芳》

小鸟一去不回来，我的青春小鸟一去不回来。"转眼之间，已经过了三十年，我的青春小鸟真的不会回来了。只有那穿着旗袍的优雅，述说着、叮咛着，要我们"规规矩矩做事，堂堂正正做人"，这就是我记忆中的王老师。

（颜民旗——王老师的学生）

2.这就是家长会嘛

如果没有遇到王老师，我会是现在的我吗？

老师影响了我很多，她是我的典范，教会我热爱生命，随时抱持积极进取的态度。还记得老师说，她考驾照考了五次才过，从六十岁开始考，一直考到六十二岁！每天清晨五点多就开始在社区练车。哇，当时的我心想，活到老学到老也不过就是这样吧。我要以老师的不屈不挠当做模范。

回忆起跟老师相处的点滴，还记得老师酷毙了，遇到不喜欢的八股课文，总是简单带过，说这篇课文没有学习的价值；然后跳着带我们看精彩的课文，补充很多很多的资料。这让我知道，学习是要有所选择的，不要人家塞给你什么就吃什么，也不必按照陈腐的规矩行事。

老师不按照课表上课，给我们加了很多的美术课，启发了我对美术的热爱，直到现在还爱涂涂抹抹。老师也常常拿她的作品得意地展示，告诉我们她画画画得多认真，六十岁的老人家都能这么有气力，要我们小孩也别输给她。

老师常常讲故事给我们听，印象最深刻的就是社会课讲到对日抗战：深受其害的老师，讲来热泪盈眶，我也感动地哭了。

想象自己如果活在那个年代，生活会有多颠沛流离。到现在我都还记得老师说，日本人搬不走米缸里的大米，会把屎拉在里面让你不能吃；还有强拉慰安妇、杀人不眨眼。当时的我真的很气很气日本人；我从来不会乱画我的课本，课本永远整整齐齐的。唯独历史课本，一直到国中，每讲到对日抗战那一段，我总是把课本中日本军人的画面用力涂得黑黑的，为老师出一口恶气。

老师常常办很多活动，印象最深刻的就是煮水果茶和玉米浓汤了：我们会在校门口旁边的停车场，高兴地搬出桌椅来，分工合作煮好大一锅汤，邀爸爸妈妈一起喝。现在想起来，这其实就是家长会嘛！只是在不知不觉中举行，让小小年纪的我们都不知道老师其实是在开家长会呀！

老师很喜欢教我们背唐诗，我记得因为我想背的最多最好，还连夜叫爸妈载我跑了好几家书局去买唐诗三百首，还一定要买跟大家不一样的版本。每次多背一首诗我就很得意，到现在，即使已经过了十五年了，我还是可以记得好多首呢！

最佩服老师的，是她新颖的教学概念，她会按照能力分组考试，考不同难度的题目；也不会要求每个人都得一百分。有些同学不会写作文，她要他们在作文簿上练习工整地写造句；练习到最后，造句也都写得很有创意，字更是出奇的漂亮。老师就把这些同学的作品贴在布告栏，让她们也能登上荣誉榜单。这些细节，小时候的我，并不那么明白。长大回想起来，才知老师用心良苦。台湾的升学压力，书读不好就要比人差，我们小时候的班级，有些同学成绩好，能够洋洋洒洒写文章，老师就会逼着他多写点；也有些同学就是没办法写得流畅，老师会先让他练习照样造句，然后再自己造句，最后终于可以在四年级的时候写成短短一页的文章，并且练成一手好字。老师的用心，我现在都知道了。老师绝不会放弃任何一个学生，会按他的能力要求他达到能力的最顶端，而且给他鼓励。

老师注重自动学习，老师说，给小孩鱼吃不如教他钓鱼，而让小孩知道自动学习就是教他钓鱼。她每年都捐好多钱给黎明国中。有一次，她拿了个信封给我，里面装了五千块台币托我转给郭主任（我爸爸当时是黎明中学的训导主任，我每天放学回家都会到他办公室，郭主任在隔壁办公）。那是她这学期要给的奖学金。五千块，我当时才三四年级，一个十岁的小孩，拿着老师辛苦存下来的钱，那封信感觉好重。走在黎明国中的椰林大道上，我还记得那是一个艳阳高照的中午，我的汗一直流，手捧着那封信怕有什么闪失，就白费老师的苦心还有对我的信任了。拿着信封交给主任的时候，我心里骄傲的感觉到现在还记得：一方面骄傲着，看，这可是我的老师捐的这么多奖学金；一方面骄傲我的老师信任我，托我带奖学金过来，而我也成功地完成使命。这一段路对我影响很大。现在我有能力了，我也要学我的老师回馈母校，帮助穷苦的小孩子有机会学会钓鱼。而其实，老师也影响了我的爸妈，我爸爸一直觉得黎明小学影响我跟弟弟很大，有机会爸爸就会捐钱给小学的网球队，帮助爱运动的小孩有机会发展。

小时候，我有一个很要好很要好的朋友，有着原住民特有的浓眉大眼和黝黑的皮肤。聪明的她常常一起跟我考前几名；老师对我们的期望很高，常常让我们一起当小老师。某天的一大早，那个同学没有来上课，因为她爸爸欠了钱，她被迫连夜

好妈妈与好老师

搬家，不知道搬到哪里去了。我很难过很震惊，因为她是我最好的朋友呀，就像我的姊妹。那天早上，老师把我叫了出去，很凶地问我："是不是早就知道她要搬家了？为什么她有困难你没有跟老师报告？"我哭着说我也不知道呀，我到今天早上才知道我的好朋友再也不会跟我一起上学了。老师也哭了，她说她只是很担心很担心，所以急了才对我这么大声。这是我第一次看到老师那么难过，她真的很怕我的好朋友未来的日子会颠沛流离；也很怕聪明的她，因为家里的问题，失去大好前途。

我是老师带的最后一届，带完我们她就退休了。还记得小学毕业前带着弟弟到老师家拜访，当时老师的先生熊督学也在，他眼中尽是以妻为荣的骄傲，连小小年纪的我，都看得出来。小时候是越区就读，中学时回到住家附近就读，功课重了，也就少跟老师联络，真是糟糕。我写过我最敬爱的老师——王廷兰，获得很高的分数，语文老师还特地向我询问王老师的点滴；我也常常跟同学提到我小时候的王老师如何如何，可是，粗心如我，每每在教师节过了才想起来又忘了写卡片。小朋友总是不懂得要珍惜人与人之间得来不易的缘分，特别是，老师对我的疼爱。

高中联考放榜，我在家里跷着二郎腿享受难得的没有升学压力的暑假，电话那头传来久违了却依然熟悉的河南腔：老师说，她记得我是今年考联考，所以特地查了榜单，我的名字很特别，一下就看到我上了台大医学系，她十分地以我为荣。其实，老师兴高采烈地恭喜我时，我羞耻得很。羞耻的是，一位七十多岁的老人家了，居然惦念着我这个她最后一届教的学生，还这么辛苦地看着报纸上那么小的字、找我的名字。为什么不是我主动打电话给老师呢？谨慎地记下了老师的电话地址，心中提醒自己，要记得多问候老师。

不过我还是只在大一大二记得跟老师联络，大三大四功课一忙，连家里人都常常找不到我。直到SARS风暴，台北各大医院尤其是台大医院，笼罩在SARS危机中，当时的我，正忙着帮忙经营班上发起的SARS网站，觉得医学生终于可以尽点社会责任了。妈妈打电话来说，老师急急忙忙地打电话到她任教的崇伦国中找她，问她我有没有事，有没有受到SARS波及。听到这消息，我不禁又感动又难过，感动的是老师还记得我；难过的是，我又让她老人家担心了。一位七十多岁的老人家焦急地到处打探我的消息，为什么不是我主动报平安呢？

后来，听说老师生病了，行动不便，身体微恙。我很担心，要爸妈带我去看老师。爸爸说，老师说不用我们去看她，要我们别担心。后来，又听说老师跟熊督学来台北专心休养。台北，这么近，我也没去探望老师，对吗？直到听说老师过世了，我很难受。虽然知道人总有一天会离开这世界，也在病房看过生死百态，心中却一直觉得王老师应该要活力四射、活蹦乱跳地活到一百岁，对于老师的去世，很不能接受。

熊督学打电话给我的早上，脑海里又浮现当年拜访老师家，熊督学充满笑意看着老师骄傲的眼神。牵手超过半个世纪，忽然间失去挚爱，我不能也不敢想象他会多难受。只能谨慎地完成熊督学交付给我的嘱托，好好写下我对老师的记忆、老师带给我的点点滴滴。怀念老师，也让爱老师的大家，能够透过众人的字里行间，细细回忆我们敬爱的王廷兰老师。

老师，您虽然已经去了天国，但你活跃的身影、抑扬顿挫、高低起伏的河南腔，在我的脑海中十五年来都是那么的清晰，以后也不可能忘记。我不会辜负您的期望，我会做个好医生，我会好好照顾有需要的人，尽自己的能力帮助别人，热爱我和其他人的生命。谢谢您教给我的一切，也很对不起我一直疏于和您联络，直到您过世了，我还不知道自己为什么会这么忙，没法和疼爱我的人好好说声再见。老师，因为您，从今以后我知道要更珍惜在我身边疼爱我的人。希望您在天国一切都好，谢谢你对我十多年来的疼爱，谢谢。

（朱筱桑——王老师的学生，现任台大医院医师）

3. 您的一言一行，教会了我们尊重与爱

一直都很怀念小学毕业时所吟唱的毕业歌，"青青校树，萋萋庭草……诲我谆谆，南针在抱，仰瞻师道山高。"虽然大部分的歌词不全然记得，然而每当哼唱至此，脑海里总浮现出王廷兰老师慈祥和蔼的身影。

求学生涯中早已记不清曾经受过多少老师的教诲，但每每遇见新的老师时，总是不自觉地在心中与王老师比较一番；而很可惜的，却没能幸运地再次遇上如王老师般令人感动的恩师。或许对一般人而言，要对别人家的孩子付出完全无私的爱，确实是件不容易的事吧！

记得是小学三四年级，大约1980年还是1981年吧，王廷兰老师刚刚担任我们的级任老师，那个年代的师尊是有绝对的权威的，不但家长敬重，孩子们对老师更是相当地敬畏，尤其是像我这种贪玩好动、功课又差的学生，见了老师更是连呼吸都

不敢太大口；还听说老师的先生也是老师，而且还是姓"熊"，听来更觉得吓人！然而，慢慢地我却发现许多老师越来越不像老师了。

记得当年的小学生流行砂眼，以我四处撒野的个性当然也赶上了这股流行风，学校里对患有砂眼的小朋友一人发了一支叫什么霉素的眼药膏，并且嘱咐要按时点，而我正纳闷为何自己没领到眼药膏的隔天，便被老师叫到桌前，还在我的眼中挤入了黏糊糊的药膏；原来老师将所有的眼药膏统一保管贴上姓名，为的就是要按时帮我们亲自上药。当时的我，心中很想问："老师，砂眼不是会传染的吗？"

对于功课不好的孩子而言，老师的家庭访问是一项沉重的压力：家长觉得没面子，孩子更是害怕在学校的恶行恶状会曝光，所以当王老师决定到我家来拜访时，我也预知了一场免不了的皮肉之苦。然而老师与我父母见面一番闲话家常后，对家里的一尘不染赞誉有加，父母亲也很给面子地告诉老师都是两兄弟定时拖地的成果；对于学习成绩却只字未提；就这样，家庭访问在宾主尽欢的愉悦气氛中结束了。老师更在隔天当着全班同学面前大大的赞扬了我一番，让我站在台前接受全班同学的掌声。直到二十多年后的今天，仍然清晰记得，老师说："他们家的地板，亮得可以照人影！"

老师不会口沫横飞地告诉我们做人做事的大道理。然而她的一言一行教会了我们尊重与爱；教会了我们肯定自我，不可妄自菲薄；教会了我们人生的价值是可以从多方面去衡量的。她对学生的影响是一生的，因为她的风范早已烙进每一个学生的心里，成为我们时时刻刻的准则。

初闻老师离去的消息，让我想起了她第一次带来自家门前栽种的石榴，让全班同学品尝。当时感觉一阵酸涩，那是我第一次品尝，却是永远难忘！

（刘贤惠——王老师的学生）

4.您让我走出自闭和自卑

虽然毕业后写过一两次教师节卡片给老师，但老师一直在我心中。记得小学三年级时才认识老师，让我从自闭的小孩开始和其他同学接触，让自卑的我因为和同学一起合作布置教室而渐渐有自信。对于老师的教导心存感激，并一直影响我至今。老师总是毫不保留地教我们，下课和放学后还送我一些色纸、组合木条等，叫我自己有DIY的乐趣，更让我感到有成就感。

听到老师已经辞世的消息，心中颇感伤。曾是让我离开自闭走向开朗的导师，以后仅能在心中怀念了。

老师！我不会忘记您的教诲，也不会让您失望！

（何季秦——王老师的学生，现任拜尔作物
科学公司物流管理主任）

附录一 学生的口碑——摘自王廷兰老师纪念文集《春风化雨满庭芳》

5.告诉您，我们多么想念您

亲爱的王老师，已有好一阵子都没您的消息了，不知您近来好吗？

记得好几年前，您刚退休的时候，我曾和班上几个要好的同学相约去拜访您。还记得当时您拿出不少您的收藏品：有同学当时创作的童诗作品、劳作作品、同学寄给您的信件卡片，以及当时在学的生活照片等。看着您望着这些收藏品，诉说着每一件作品或相片当时所发生的点点滴滴，那种满足的表情与笑容，如今还记忆犹新呀！

说到此，不禁令人想起当时小学三四年级的情景。记得老师您一再提醒我们："要做一个品学兼优、五育健全发展的学生。"于是，除了一般课业外，您总是要求我们要多多背诵唐诗，写字也要端正；不仅如此，童诗创作、美劳绘图、教室布置等等，样样皆来。另一方面，您还根据个人才干特质，加以训练其不同的专长，如表演、康乐主持等；也根据同学们个人的资质差异，训练各科小老师，帮助同学课后辅导。以上种种，当时的我们又怎能体会老师您的用心呢？然而如今回想起来，如此富有教学热忱且不计劳苦的老师，又有几位呢？

这几年得知老师您的健康状况不佳，想说抽个空去探望您，毕竟自己是学医的，或多或少能给您一点帮助也说不定。谁知，当打电话询问时，您却一再推辞婉拒。我知道您一直希望在我们心目中留一个好印象，又怎肯愿意把您窘困的一面让我们目睹呢？您可知我们有多担心啊？！也希望您早日康复！

不幸的是，去年我因一场大车祸而被送到加护病房，经过百番抢救，总算从鬼门关前捡回一条命，直至今年年初才出院回家休养。哪知就在一次不经意瞟到新闻报道："全台生最多博士的妈妈——王廷兰，今天早晨于黎明小学举行追悼会。"天啊！真的令人无法置信！我最敬爱的老师，您又怎么舍得离我们远去？您可知我们这群被您教导过的学生，那些与您共事的同事及您最爱的亲人有多么的不舍及难过吗？对您的思念，我又能向谁诉说呢？

　　想寄给您这一封信，告诉您我有多想念您，也谢谢您的谆谆教诲！我想我会很骄傲地说：我是王廷兰老师您的学生！

（林惠文——王老师的学生，

现任医学院家医科医师）

6.不良少年如果遇到王老师该多好

　　从成功小学毕业到现在也已经二十八年，记得小学三四年级就是由王廷兰老师担任级任导师，当时王老师是位和蔼可亲的好老师，经常利用放学时间将学生留下加强辅导（不收任何费用），更自掏腰包买一些文具或玩具，来鼓励成绩较好的同学；对成绩不好的同学老师也不放弃，经常施以爱的教育耐心教导。我就学期间不曾再遇到如此热心的老师，对待学生如同自己儿女，出钱出力只希望学生能认真念书。

　　能在就学期间遇到王廷兰老师，真是我们这班的福气，更是我的福气。记得小时候父母亲因工作关系无法在家教导我功课，如果没有遇到王廷兰老师，真不敢想象自己现在会是何种情况；可能不会从事目前的警务工作，有可能会是父母亲头痛的小孩和社会的问题人物。从事警察工作也已经十九年，遇到很多问题少年并不是本性不好，只是因父母亲忙于工作或父母离异疏于照顾，因本身好奇（寂寞）又无人教导是非善恶，结交到不良少年而误入歧途。有时会有感而发，如果他们能像我遇到那么好的王廷兰老师，或许将不会成为我们警察人员眼中的头痛人物，更不可能造成社会的负担。

附录一　学生的口碑——摘自王廷兰老师纪念文集《春风化雨满庭芳》

我目前在派出所服务，曾办理有关少年校园业务，也跟校方老师谈到教育改革问题，发觉现在的学生呈现正反两极的问题越来越严重：很多学生只是在学校混时间，并不是到学校念书；家长因宠爱小孩过度，老师亦因管教困难大部分采取放弃态度；现今因社会经济不景气，教科书版本多样化，家境困难的家庭并无太多剩余的钱培养下一代。记得王廷兰老师每逢学校家庭访问时，必定到每一位学生的家中访问，实际了解每一位学生家中状况，让家长了解学生在校的情况；对家境较困难之同学适时伸出援手；真心默默付出，只希望学生争气。想到此处更觉得王老师的伟大。起初听到同学苏秀纯转述王老师已往生，心中非常难受，不自觉地浮现王老师的身影及教诲，相信王老师现在另一个世界一定会过得更好。更希望熊伯伯身体健康，每天快乐生活，王老师将永远活在我们心中。

（刘进忠——王老师的学生，现在从事警政工作）

7. 老师分半个便当给我吃

时光岁月不留人，时间经过三四十年，回忆起王老师，可说是教导学生费尽心血的好老师。学生做错事她不会用打骂方式，而是用鼓励和讲道理来教导我们。

我印象最深刻的是学校进行家庭访问，我家是古厝，在乡村小路，走路要走好几公里远才可到达；想不到王老师竟然也是走路到达我家，令我感动万分。王老师说："没想到美桃家这么远，难怪你时常迟到，这样子下次迟到我不责备你了。"当时上学每天要带便当到学校吃午餐，有一次我为了赶时间上学忘了带午餐，老师说："美桃，我们两人一人吃一半我的便当好吗？"这件事让我感动万分，永记在心。

老师从我小学三年级上学期到四年级上学期大约一年多时间对我万般呵护，实在令我印象深刻。老师教学生像母亲照顾自己的子女一样颇具爱心，且对我照顾得无微不至；在我十八岁那年，我看报纸刊登王老师接受模范老师表扬，让我想起小学王老师，恰好我朋友的叔叔是位联合报记者，他说可以登报找老师。结果过了几天的报道，我从王老师教过的学生与同事的信中，得知老师住在台中黎明社区，我迫不及待与老师联络。

我几次拜访老师，老师都非常热心地款待我，令我感到非常的温馨。想不到最近得知老师已往生，使我悲恸不已。虽然老师已不在人间，但相信她永远活在我们心中。

（曾美桃——王老师的学生）

8.很失望，老师只请假两小时

于2006年7月时接到王老师辞世的消息，顿时心中生出几许惆怅与感伤，当时王老师慈祥的脸庞浮现于脑海中。童年时老师的谆谆教诲犹如时空机一幕幕出现，忆儿时在老师春风沐浴下有许多温馨感人的故事：还记得刚升上小三时，王老师出现在我们班上，当时老师给我的感觉是位非常严肃的老师；小三刚学乘法时，我不会背，因为我家在学校附近，当时学校可让学生回家吃午饭，老师当天就把我留在学校不准回家吃午饭；当时外婆还到学校找我，问我为何没有回家吃饭，后来外婆还帮我带便当到学校给我吃。

每逢周三下午学生不用上课，老师总是叫住在学校附近的几位同学到学校帮我们做课业辅导；假日值日时老师也会找我们到学校来，买糖果请我们吃，就这样师生关系也越来越密切。有一回老师可能看我袜子没洗，原因是当天上学找不到袜子穿；情急之下就将袜子反穿。老师说："秀纯，老师买袜子给你好吗？"我连忙说："不用了老师，我有袜子，只是没洗而已！"从此我再也不敢穿反面的袜子到学校了。

有一回老师还问我："你妈妈多久回来一次？你妈妈如果不要你，老师可要你。"我义无反顾地回答："我妈妈很爱我，只是她要工作赚钱养育我。""你妈妈如果不要你，老师可要你。"这句话直到我长大还依稀萦绕在脑海里。老师是如此将我们这些小毛头视同己出。

多年以后直到我长大时，我才知我是单亲家庭又隔代教养；因从小就跟随外婆住，外婆只能照顾我的生活起居，无法辅导我的课业；直到我身为小学老师时，才能体会到为何王老师特别关心照顾我，因为单亲的孩子特别需要老师的关怀与付出。王老师的身教一直深植我心，当年老师撒下的爱的种子已经在我们身上开花结果。直到现在我也一直以如此的心境，来对待我的学生；遇到教学瓶颈时，我也会思索着王老师的教学态度与理念；如此也就能豁然开朗，继续迎向挑战。

老师的敬业精神着实令人佩服，当学生时总是很希望老师能请假，希望能有些自己的时间享受片刻悠闲。不过王老师从来不请假。有一天下午老师说："我下午要请假参加我孩子的毕业典礼。"当时我好高兴，期待的一天终于来临。不过老师出了一堆功课让我们写，当我很努力地写完功课时，老师就回来了。原来老师只请两小时的假，我以为是一个下午。而且老师估计功课量不多也不少，让我们这些小毛头没得偷闲。

每天上学一到教室，总是看到老师已在教室，老师总是比我们早到学校。记得老师曾提过他是从台中路走到学校的，当时很惊讶从如此远的地方走到学校肯定要花许多时间。有一次因家里没大人，于是将弟弟带到学校上学，心想老师一定会骂我。不过出乎意料，老师问明原因后不但没骂我，还叫我拿张椅子给弟弟坐，弟弟也就在课堂上旁听，直到阿姨来把弟弟接走为止。

假日时老师会邀我们到她家里玩，也会煮私房菜给我们吃。记得老师还教我们做葱花饼，从揉面皮、撒葱花、一圈圈地卷面再压扁，老师说这项手艺是熊伯伯教她的。吃完饭后还带我们到户外玩飞盘，直到夕阳西下，大家才依依不舍地回家。

老师也曾带我们到中兴大学玩，师生一行人从台中路走到兴大，沿路有说有笑也不觉路途遥远。记忆犹新的是老师带我们观察乳牛，不过当年的鲜乳是用塑料袋装的，回程的路途上袋子破了，鲜乳也就此"覆水难收"。当时心里好沮丧，本想带着战利品回家与家人分享，但奈何天不从人意！

与老师两年的相处，有许多点点滴滴的回忆：在小四期末得知老师要调校，心中有许多不舍，之后班上同学还是会相邀去拜访老师，师生几人再度重温旧梦，再续师生情缘。国小毕业后随即上了国中，课业压力非常繁重，因此也较少有时间与老师联络，只能在教师节时刻献上卡片向老师问候请安。

还记得最后一次见到老师大约于1991年，当时老师见到我满怀喜悦，师生两人再度叙旧，老师也依旧做着她拿手的葱油饼请我吃。老师还拿出我小学时的美劳作品，师生一起欣赏，当时好感动；老师居然会保留我的作品这么多年！离别时老师在门口依依不舍地说着：秀纯要保持联络喔！自此我也离开故乡到异地求学工作。更佩服的是熊伯伯为了帮老师出纪念文集，能从台东找到我，由此可知熊伯伯对老师的感情弥坚是我们无法体会的。在我得知老师辞世、熊伯伯找我时，我赶紧回电熊伯伯；虽未与熊伯伯谋面，但我可臆测熊伯伯是位学识渊博的长辈，熊伯伯接到我的回电时，感动地在话筒的另一端哽咽。我听着慈祥的长辈诉说着与老师的一世情，希望熊伯伯能放开胸怀让王老师安心地回到耶稣基督身旁。我想老师在教育的事业上也造就了许多人才，老师的学生布满了士农工商各行各业，默默地为社会国家奉献所学，也不辜负老师当年对我们的付出与教诲。

（苏秀纯——王老师的学生，现任小学教师）

9. 握着老师温暖的手，我非常激动

时间要回到1981年的9月1日开学日的那一天，上课钟响起，走进教室的是一位面容慈祥的老师，她拿起粉笔在黑板上工整地写上了她的名字，这是我认识王廷兰老师的第一天。

三年级的夏天，我坐在老师所骑乘的小摩托车后座，认真地担任家庭访问的小向导，这是我最接近王廷兰老师的一天。

那一年的冬天，老师在课堂中谈起年少时的往事，回忆起大陆的家人及亲人，她不禁泪下，王廷兰老师的真情流露成为

最令我难忘的一天。

2002年，也就是四年前的六月，在儿子幼儿园的毕业典礼上，我遇见了王老师，那天我握着老师温暖的手，内心非常激动，因为老师还能记得我的名字，和老师拍了一张合照，这是我和老师唯一的一张合照，也是最后的一张合照。这一天，也是王廷兰老师让我最不舍的一天。

谢谢我的恩师——王廷兰老师。

永远怀念你的学生　冯达威敬上

2006年6月

（冯达威——王老师的学生，他的哥哥

冯建龙也是王老师的学生，

达威现任黎明小学家长会副会长）

10.寄出我对王老师的思念

赶在截稿前一天，遥寄出我对王老师的思念，因为这份不舍的情感，久久让我无法忘怀。

记得那年的家庭访问活动，老师认真地一家一户地去拜访，一路上关心地问着每位小朋友家中的情况。当时父母都在上班的我，回到家要照顾两位妹妹，老师因而对我称赞不已，还选我当模范生。虽然我不知道这是不是主要的原因，但当时真是感到无比的光荣呢！

老师最令我佩服的是，她总是不厌其烦地对待每一位同学，因此我的旁边总是坐着头脑较不灵光的同学，因为老师希望我们能当小老师，帮助他们学习，真是用心良苦啊！

还记得作文课时，老师念出江同学写着"爸爸黑黑，妈妈黑黑"，那时的我还没反应过来，事后才知道老师是指墨汁用太多了，一篇文章一团一团黑黑的，不知在写些什么呢？真是好笑！

十多年后我回娘家坐月子，老师还特别抓了一只鸡来看我，叫我好感动。有时在黎明社区碰到面，老师还是那样温柔地叫着我的名字，那个语调我永远也忘不了。

王老师在小学虽然只教过我一年，但她给予我的教导与她教学的精神，真的是无人能比，期望这次的纪念集能如期发行，让我的下一代也知道有这么一位伟大的老师。

（刘秀丽——王老师的学生，现在银行服务）

11. 忆师恩

"小芬好吗？好久没有看到她了，以前啊……"几年前，每当回台中，妈妈总会提起遇到王老师的种种；也会叮咛我有空一定要回去看看老师，因为老师还是很关心我们这些宝贝学生，但生性被动的我，总是迟迟没有行动。没想到，最后连老师的告别式，竟也在我的迷糊之中错过了。至今，我仍有深深的遗憾！

小学时的回忆，早已模糊不清。印象中，老师总是把我们当成自己的小孩一样来疼爱，总是和颜悦色地对我们，很少有疾言厉色的场面出现。虽然有一次我被打了，但我仍感谢老师对我的教诲。

那是一次扫除时间，老师总是不忘提醒我们在前一节下课时要先洒水，以免扫地时尘土飞扬，让同学吸进脏空气。但，我却忘了洒水，扫地时，也不管尘土如何飞扬，只是自顾自地想赶快把工作给做完。这时，在一旁改作业的老师马上走过来，抢走我手上的扫把，顺势往我的手臂上打了下去，又对我说了一句："因为你的偷懒，害大家在这里吸灰尘，还不赶快去洒水。"那一下打得并不痛，但我却觉得好惭愧，因为我看到了自己的不用心，我也深感老师对大家的关心。这也是我见到王老师唯一一次生气体罚学生。

我上初中时，很惊喜地还能领到王老师提供的奖学金，那时总觉得自己好幸福，也常常很自豪地向同学炫耀："那是我小学老师！她是个很好的老师喔！"近日，因为老师的过世，看了老师一生的回顾，才发现，在那经济困顿的时代，老师还能拨出一部分的薪水来当奖学金，为的就是要鼓励我们。反观自己，对学生的付出，实在是微不足道。

从报上得知老师的逝世，除了悲伤，又是一次的感动。因为老师对教育的付出，竟然还能在往生后持续着——捐出社区的那栋住宅，当做儿童图书馆。

所谓"行善不可不痴"，在老师的身上，我看到了无私的奉献，为那些年轻的学子。

（陈淑芬——王老师的学生，现任初中教师。

弟弟陈昭文也是王老师的学生，也在当老师）

12.循循善诱的王老师

每个人的一生中，都会遇到各式各样的人。大多数人都只是我们生命中的过客，只有少部分人对我们的生命有影响。

回顾求学生涯，每个阶段都会遇到不同的老师；然而，大多数的老师都只是学业上的教导，真正教导我课业以外，对我生命有所改变的，实在不多，王老师就是其中一位恩师。

说来惭愧，自从小学毕业后，除了中学曾回去看过王老师外，其余时间都忙着过自己的生活，忙着自己的学业而未曾再去探望王老师。直到接到师丈熊督学的来电，得知王老师已回天家的消息，过去孩童时代的回忆才一点一滴地又涌上心头。

因为姐姐们都曾是王老师的学生，所以在未到王老师的班上前，就已从姐姐们的口中得知王老师是位慈祥和蔼的老师，有别于其他老师动辄打骂的教导；王老师总是很有耐心，循循善诱地引导学生，除了学业上的教导外，也常借着日常生活中所发生的事，来教我们为人处世的道理。记得有一次，放学后和同学到电动玩具店打电动，隔天上课被王老师知道了。前一天有到店里玩的学生下课后全都被叫到王老师面前，王老师问："为什么放学不回家？跑到电动玩具店打电动？"同学们因为怕被处罚，纷纷开始互相推卸责任："是他。""是他。"没有人承认是谁带头的，个个成了缩头乌龟。一阵推诿卸责之后，王老师才语重心长地对我们说："自己做过的事，自己要负责，不要将责任推到别人身上，要做个勇于负责的人。"听了王老师的教诲，同学们个个都主动认错，不再将责任归咎给同学。就这样，王老师又一次借着日常生活的事情，教导我们做人处世的正确态度。

小学毕业，进入中学以后，因着课业上的压力，所遇到的老师，都只是带给我课业上的知识，再也没遇到像王老师这样教导我做人处世的人生导师。直到蒙神推选，受洗成为基督徒之后，有了稳定的教会生活，每个礼拜由牧师口中了解上帝的话语，生命才又重新得到更新。如今想来，王老师的教导，总是以安慰、造就、劝勉的话语来鼓励学生，这与时下到处充斥攻讦、谩骂、侮辱性的言语，真有天壤之别。无怪乎由同学口中得知，在他们求学过程中，对他们的生命影响最深，最有正面助益的，皆非王老师莫属。如今，自己本身也投身教育，补习班虽然不属于学校正规教育，教学上也偏重升学导向；但深受王老师影响，总期待自己在辅导学生的过程中，除了能够授业、解惑之外，更重要的是能够有传道的功能，教导学生做人处世的道理，让教育不只是追求分数、追求文凭而已。同时也期待自己，能够像王老师一样，成为一位好的老师，像好的牧师一样，照顾好自己的羊群。

王老师虽然离开了我们，但她是回到了永恒的天家，在那里不再有病痛，不再有悲伤，只有永恒的喜乐。除了为王老师感到欣慰外，也要安慰熊督学，王老师的一生，结了无数的果子，是位忠心又良善的仆人，愿主在永恒里纪念王老师。阿门！

（陈绍文——王老师的学生，现在某补习班任教，

陈淑芬是他姐姐）

附录一　学生的口碑——摘自王廷兰老师纪念文集《春风化雨满庭芳》

13.老师·慈母

老师、我敬爱的王老师，听说你已经走了，而且走得远远的，让我找不到！我害怕、真的好害怕！因为从现在开始，再

也没有你给我做依靠、给我解惑了。

在黎明小学的时候，是你最疼我，是你最爱我的。我因个子小，座位在教室的最前排，每当老师授课结束时，经常会走到我的桌前细声询问："会不会？听懂了没有？不会要问啰。"谆谆教诲，关怀之情，溢于言表。小时候，还不能深切体会，现在回想起来，觉得好温馨；只是那时候不知道珍惜，没有好好用功，所以进步很慢；现在再想回到过去那样的日子，再也没有机会了！

升到初中、高中以后，就远离你的教导，又不知道自动找你请教。一直到我成长结婚的时候，承你和师丈光临祝福，才又重拾过去的情景，对我细细叮咛、重重祝福。有老师的教导，兼有慈母的关怀：此情此景，只能回忆。

于今你已经走得远远的，走到天国去了。而你为你的家庭和这个社会辛苦了一辈子，没有好好地休息，颐养天年，实在遗憾！对我来讲，失去了亲人，我好彷徨！我好思念。

（李艺琪——王老师的学生）

14.老师当选了，我们欢欣鼓舞

敬爱的王廷兰老师，惊闻你已经往生天国去了，我实在感到伤心、难过。想起在黎明小学的时候，你虽然不是我们班上的导师，但是你认真负责的态度，全校老师和同学都敬佩你，何况你教导我们是不分班别、不分彼此的，如孔子所说的"有教无类"，所以人人都尊敬你。

有一天，我班正在做户外活动的时候，消息传来，说是老师你荣选为全省"模范老师"。我们全体雀跃、欢欣鼓舞。这不仅是你个人的无上光荣，也是为我们学校争取到的光荣，我们全校老师和同学也感到无限的光荣和荣耀。那时我曾自私地想，要是老师能担任我们班上的导师，那有多好呀！可是老师是大家的，能为学校争取光荣，我们人人都欢喜，人人都敬爱。

今天你走了，而你不分对象，教人不倦的精神，模范老师的光辉，永远活在我的心中。

（魏茂华——王老师的学生，

他的夫人李艺琪也是王老师的学生）

15.思念亦师亦母的您——王老师

年近四十了，每回向友人讲述起小时候的种种，仍不免兴奋喜悦，友人总是好奇问道，小学生活怎这么精彩而且还记得那么清楚。此时我也必定用充满感念的口吻说明，这都要归功于我的王老师……

真的非常庆幸我的生命中出现了仁慈疼爱学生如子女的王老师！

小一的我，因对学校种种适应不良，三番两次逃课回家不肯上学，还向母亲谎称肚子痛。常急坏了原本身体就不好的母亲，之后爸妈为了我们这些孩子的求学环境，举家搬到台中。于是二年级我开始在黎明小学就读，就此展开我跟王老师一辈子的师生缘。四年级以前，上学只是必然的例行公事，直至小四由王老师担任导师，上学从此成了丰富精彩、有趣又快乐的学习！在那个只重视学业成绩的年代，王老师却采用多元化学习教导，她鼓励我们除了课业外应多看课外读物，多参与各类课外活动。在老师的鼓励下，我参加了学校乐队，固定的课后练习，连续三年的校际比赛，让我从小就体验另一种形态的团体学习。

原本没有自信，以为什么都不行的我，在王老师的指导及鼓舞下，陆续参加各种才艺比赛：作文比赛、画图比赛、演讲比赛、新诗创作……经过长久的磨炼，终于拿到多种奖项，让学业成绩一直无法名列前茅的我，从其他领域亦崭露头角并建立自信。这完全归功于王老师不同于世俗眼光的教导模式，也由于她的用心与关心，才能看见学生们的个别潜力；再加上她的支持与鼓励，我们才能有机会在学业之外的学习中找到自己的特长与自信心。

让我印象最深刻的一件事就是我生平第一次演讲比赛，就是王老师指派我去参加的。完全不知如何演讲的我，当然既紧张又害怕；王老师热心地在课后邀我去他家，王老师与他先生熊伯伯就这么逐字逐句地教我如何讲说：语调、手势、表情、肢体动作等，费了极大的苦心教导我；再经过不断练习与修正，终于一举拿下第一名！从此以后，我就成了演讲比赛的常胜军。这些历练，使我在成年后的职场上发言不再胆怯。此种信心是需要极长的时间跟经验养成的，而王老师就是幕后伟大的推手！

王老师习惯对学生们以"孩子们"相称！好亲切好温暖的口吻！至今我仍然记得她那温柔又疼惜我们的声音！她对学生全然付出，疼爱我们就像自己的子女般。因此在我心中，她亦是我永远最敬爱的王老师母亲！

（沈黛玲——王老师的学生，现在科技公司任职）

好妈妈与好老师

16. 追忆"永恒的恩师"——王廷兰老师

每个人的一生中，总有一些人、事、物会让人永生念念不忘；而且每次思及，总会勾起一丝丝或是甜蜜的、或是酸涩的记忆。而这些点点滴滴的回忆，丰富了生活的内涵，也拓展了生命的深度。今生能让我有如此深刻感受及认可的，首推1975年时，担任我小学三四年级级任的王廷兰老师。

在王老师的感召下，我从小学三年级开始，每次作文写"我的志愿"时，一向都是毫不犹豫地写出，我的志愿是担任一位诲人不倦的小学老师，并且将这种想法逐一落实在日后的求学生涯中。1981年，经过一番努力，我终于踏进台中师专的校园，开始接受小学师资养成教育，担任起日后做育英才的重责大任。在我专三的那一年，巧遇王老师回校补修教育学分，师生相见，分外融洽，王老师不改以往照顾学生的习惯，隔天特地从家中带来文具送给我当做求学礼物，那种将学生当做"永远的学生"的做法，至今仍深深地影响着我。

担任教职至今已满二十年，我更能以一个老师的心情去体会到当年王廷兰老师对学生的付出与用心。有时候在夜深人静时，想到当年与老师相处的情景，往往感动到不能自已而潸然泪下。教书二十年的过程中，接触过形形色色的学生及老师，但是能让我发自内心真正感动的，唯有"永恒的恩师"——王廷兰老师。

小学三年级是懵懂无知的年纪，当时住在台中市南区中兴大学附近的王老师，调到台中市东区的成功小学服务，而我们好幸运，竟然拥有一位慈母般的老师来教导、呵护！我记得老

附录一 学生的口碑——摘自王廷兰老师纪念文集《春风化雨满庭芳》

师总会利用下午没课的时间留下我们，义务辅导一些功课落后的同学，让他们能跟上同学的进度；我在老师的指导下，学会了如何利用美工刀裁切回收纸，如何利用这些回收纸当做计算纸，如何迅速有效地背诵九九表等。老师也发现我很偏食，只吃肉类、不吃蔬菜，便要求我中午吃饭时间坐在她身旁，在老师的督促下，我终于改掉了偏食的坏习惯。

我也记得我们这一群乡下野孩子，从成功小学集合走路前往老师的家，老师带我们一起去中兴大学游玩的情景。对当时无知的我们而言，那真是开了眼界。

后来家母因病住院开刀，老师得知消息之后，十分心急及关心，陪着我由学校走路到遥远的光复路探视家母，一路上老师不停地帮我打气，那情景犹历历在目啊。

升上四年级，老师搬家至更远的黎明新村，但是依旧舍不得离开我们，每天通勤上下班。这种精神实在令人感佩，而我们这群毛头小子更展开长程的"追师之旅"：大家开始学习走路到火车站前的台中客运，搭公车前往黎明新村拜访老师。老师对学生的到访永远保持热情接待，我永远记得老师家院子里的大红石榴，那酸酸甜甜的滋味；老师教我们亲自动手擀水饺皮、包水饺、煮水饺，那垂涎欲滴的感受；老师家里哥哥姐姐们丰盈的儿童藏书，那心灵丰硕的飨宴，那令人印象深刻、永生难忘的点点滴滴师生情谊啊。

更让我难忘的是，当我选定了携手一生的伴侣，两人甜甜蜜蜜地前往老师家里送喜饼，分享我们的喜悦时，老师二话不说就决定参加我们的喜宴，这对身为学生的我，真的是至高无上的荣耀啊。

好妈妈与好老师

或许时间及空间的因素，可能会拉开师生间的距离，但是老师当年对我的教诲、给我的关怀，却永远铭记于心、未曾淡忘，老师和我在心灵上是永远没有距离的。韩愈说："师者，传道、授业、解惑也。"在我心目中的王廷兰老师，不仅是经师，更是人师，她以自身的身教、言教指导着她的每一个学生，将每一个学生都当成自己的小孩一样地宝贝；她的教学生涯数十年如一日，永远无怨无悔、牺牲奉献。今生有幸当她的学生，承受"永恒恩师"的春风化雨。在她的"爱与榜样"的示范下，我将循着王廷兰老师的步伐，认真耕耘着我的教育事业，学习老师的精神，将每个学生都当成自己的宝贝来关怀：自我期许能接下老师的"教育接力棒"，继续在教育界发光发热。

（陈台凤——王老师的学生，现任某小学训导主任）

17. 最敬爱的王廷兰老师

小学时的三四年级，我是在您的教导下成长的，您是关爱学生的严师，对于我们的成长与学习，每每都让我们感到温暖。虽然对于那时年纪甚小的我来说，或许有些绑手绑脚的压力，但是在长大了一点之后，我一直没有忘记您那时候的付出，也没有忘记您的关爱和温暖。

还记得，您在叫我与筱桑等四人时，都是用小名在叫，第一次听到时，其实很受宠若惊的；因为自己其实是很倔强又不太受教的孩子，您这样把我放在心上，我真的很感动。

没有关心到您的身体健康，对我来说是永远的遗憾。您所付出的教育与指导，必定会在百年教育大计种下丰硕的果实，希望主能引领您的灵魂平静快乐。

（许乃璇——王老师的学生，

母亲李美雪是王老师的芳邻好友）

18. 重视生活教育的王老师

回想起王廷兰老师，一开始只知道他是曾经带过我姐姐及我哥哥的老师。记忆中，老师好像也是受母亲的请托，而继续带我这个家里的老幺。对我们三姐弟而言，感觉老师有点像是另一个母亲一样。

还记得小时候老师非常鼓励我们背唐诗三百首，虽然我现在的国语文能力仍然没有什么长进，但是相较于现在的火星文化，我还是庆幸老师给予的那种传统的文化教育。这方面虽然很多老师都是如此教导学生，但是小学倒是没见过什么老师会叫我们去背那些唐诗；虽然当时对诗的内容与情境几乎是完全无法体会，但是仍然还是很感谢老师给予我们这样的一个环境，至少我认为对一个文化的接触可以越早越好。

但是除了这些基本的知识及文化教育之外，老师还很注重一些生活上的教育。还记得小时候，我都习惯随手把东西住抽屉塞，所以抽屉常常都是乱七八糟的；某天老师注意到了，还特地请另一位同学来帮忙指导如何整理抽屉。慢慢长大以后，不会有人在这种生活细节上再给予指教，也不会有老师有时间对一个学生的生活细节花这种心力了。在我的成长过程中，王廷兰老师是唯一一个会对学生的这些生活琐事用心的老师。

好妈妈与好老师

这些事情隔了太久，也不知道老师对其他同学如何。但是对我而言，老师对我算是十分照顾，不单单是学业上的指导，连一些生活上的细节也都像是在对待自家小孩一样地教导。对我来说，老师的教导真的就像是另一个母亲一样。

（林瑞鸿及姐姐林惠文、哥哥林志鸿
都是王老师的学生，三姐弟现在都是医生）

19.老师带我们争取团体荣誉

乍闻王老师去世的消息，心里满是震惊与不舍。犹记在1983～1984年间，王老师担任黎明小学三年级与四年级（四班）的级任导师。至今虽然已经过了二十余年，王老师温馨而亲切的笑容以及班上生活的点滴却仍然生动而清晰地浮现在我的脑海中。而我对老师的回忆可以分为几部分：

团体荣誉

王老师非常擅长工艺美劳创作，利用如墙报纸、保丽龙、皱纹纸、胶水等简单的材料即可变化出各式精美的劳作。在老师的指导下，班上后墙的布告栏每每可以获得校内冠军。同学间除了可以学习到许多有趣而实用的美工技巧外，借由同学们的分工默契，进而还能培养团体荣誉。令我印象最深的是有一次小学运动会，为了布置海报，利用保丽龙餐盘加以编织网线制作成精美的相框，放学后大家还到老师家中赶进度。时至今日，我仍然可以熟练地将原本废弃的广告纸折成美观又实用的八宝盒。

教育风范

近年来逐渐受到重视的人本自然教学，事实上早在我小学三年级时（1983年）就体验过了。当时黎明小学的新校舍还在施工，偶尔因为工程影响，王老师会带着大家到草地上上课，不但不会因施工而影响课业，同时也体验到户外教学的乐趣。放学之后，不时也可看到老师将一部分同学留下进行课后辅导。

对王老师来说，学生就是她的小孩，记得班上有位女同学出车祸，老师亲手抱着她到医院治疗。毕生奉献于教育的王老师，还在黎明中学成立清寒学生奖学金，鼓励家境欠佳的学生奋发向上。

公民楷模

王老师在学校里是春风化雨、诲人不倦的模范老师，下课之后也是人缘极佳、积极参与社区活动的好邻居。我的母亲与王老师早于1971年以后于黎明社区土风舞社团中就熟识，也常在端午节时包粽子给王老师品尝，老师也十分喜欢道地的南部粽。自从老师退休之后，对于教育的热忱并未改变，与熊伯伯一起在黎明社区成立读书会，举办各种公益活动，善尽公民的社会责任。虽然王老师已经到另一个世界，但是留下来的风范，非但未曾随着时光而泯灭；对照现今的教育环境，反而令人更加缅怀。最后也希望熊伯伯好好保重身体，继续王老师对社会的关怀与贡献。

（朱殷生——王老师的学生，现任台机电工程师）

好妈妈与好老师

20.照顾学生像对待花草一样

老师对学生的照顾可以说是无微不至；同样的道理，老师也应用到家居上。有次老师要出远门，特地交代我每天一定要按时到她家。做什么呢？因为老师的家中都有种植花草，老师要我每天帮她照顾这些花草，早晚给它浇一次水；因为纵使是植物，它也是会生长，它也需要补充营养，这样花才会开得漂亮、草木才会变得茁壮结实。由此可见，即使是植物，老师都会把它当做是孩子般地疼惜。在老师身上，我看到了老师对事物的尽善尽美及用心尽责。回头想想，老师对待自己的学生不也是和照顾花草一样？不论是课业上、生活上，总是很用心地去培养、照顾每一个学生；并且希望她所教导的每一个学生，未来在社会上都能成为耀眼的一颗星。

（林秉毅——王老师的学生，任职计算机公司，

曾召开同学会纪念王老师）

21.老师募捐帮助我家

人的一生中所遇到的老师有很多位，但我很幸运能遇到一位有着教学热心、因材施教、且不放弃任何一位学生的好老师——王廷兰老师。在小学三四年级时，因父亲的工作意外，使得家庭有了剧变，顿时陷入困境。那时王老师发动班上同学募捐，筹集善款来帮助我家。那时我只有十岁，根本不知家里的困境，没有在那时好好感谢王老师，说来真的很惭愧！记得有一次户外郊游回到学校要写一篇心得，那时的我文笔也不怎

么出色，经王老师的指点、批阅、修正后，才写出一篇好文章，并投稿黎明小学的校刊，经刊载出来后，让我觉得好兴奋；非常感谢王老师能协助我，让全校的师生都能看到我的文章。离开王老师有近十五年了，想不到再知道王老师的消息是在黎明小学的追思会上。感念的话有太多，最遗憾的事是，不能在王老师有生之年，好好地报答她。感谢王老师的教导，又募捐帮助我的家庭。

（赖志铭——王老师的学生）

22. 点点滴滴的美丽回忆

1995年夏，接到一通陌生的来电，当对方自称是王廷兰老师的先生时，霎那间心里已经明白。1997年耶诞的同学会竟是见老师的最后一面。

犹记得那一夜，当我们这一群久未谋面的儿时玩伴，四处寻找着昔日共同的回忆：而老师的出现让整个活动达到了高潮。更令人惊奇的是老师还认得出我们，完全不用思考。我想，从小到大每个人或多或少总有些改变吧！能够不假思索地叫出我们的名字，若不是爱我们至深，又如何能有此深刻的印象！及至今日，自己也踏上了教职，更觉得深深不及。

小学三年级，正是活泼贪玩的年纪。那年暑假，父母感情的不睦，使母亲跟我们五个孩子，搬离了南京路的家。母亲为了赚取微薄的生活费用，已无暇再顾及我们的功课；而我，也无所事事地玩了一整个暑假。直到开学前一天，才猛然惊觉，暑假作业是写不完的了！

怀着忐忑的心，来到老师的办公桌前，只是当我支支吾吾说到父母分居之时，一个深深的拥抱，让少不知愁的我，不由自主地哭了起来！隐隐约约中，似乎有着什么比暑假作业更重要的东西，让老师跟着我掉泪！今日，身为人夫、人父，如果还称得上顾家的话；当时，想必就已成就了这一切。

当时的我们，就像是一颗颗小小的行星，总爱绕着太阳跑。于是，段考后的下午，围在老师身旁改考卷；假日，拜访老师成了我最喜欢的活动。而人人视如畏途的倒垃圾、扫厕所，大家竟都是争先恐后地表现。凡此种种，点点滴滴都是我珍藏在心的美丽回忆。得知老师已受洗，相信您在天堂，也能与我们一起共享这些美丽的片段！

（廖怡昭——王老师的学生，现在中学任教）

23.用玩游戏的方式学习

我是在1989年时，王老师退休前所带的最后班级的学生。因为老师跟我外公一样是外省人的关系，所以对老师的印象也更为深刻。老师一共担任我两年的导师，三年五班与四年五班，在这两年中老师教育学生的方式在当时感觉上真的与其他班级不一样。

老师对于国语文能力教导方面真的有一套，与其他班级不同：在这两年中老师会要求同学们在课堂之外的时间背诵唐诗，以增加同学们的语文能力；并在课堂空闲时间以趣味竞赛的方式，使同学乐于背诵唐诗。老师在语文的教育上一点都不浪费时间，在集合排队时要求同学玩文字接龙或成语接龙游戏，来训练同学的语文能力。老师也常提起从前的生活困苦，老师的孩子两只脚穿着不同的鞋子去上学的故事，以此要同学们能够惜福。老师教育的方式并不会因为同学的资质有所差异就给予不同的对待，反而对于资质比较差的同学会给予更多的鼓励。老师就常说："别人看一次记得起来，自己要是记不起来，就多看几回，多练习几回不就也记起来了。"老师也常提起没有什么事情能难倒自己，常用"天下无难事，只怕有心人"，还有"三个臭皮匠胜过一个诸葛亮"来勉励同学不要因为自己资质不好就放弃学习；只要努力、用功、用心去做，再困难的事情也难不倒自己。后来我在念书上，发觉老师的话真得令我获益良多。

老师当年对于同学的家庭访问也特别细心，老师都亲自拜访每位同学的家，真正地了解同学们的家庭状况。记得我有一次帮忙搬东西到老师家，老师送我两组泡茶的杯子。当时的我因为家庭环境的关系，根本没有什么课外读物可以看，老师就曾经赠送过当月出版的课外读物给我，我当时很惊喜，也很谢谢老师。

（廖筱耘——王老师的学生，是男生啊！

常常有人误以为他是女生）

24. 王老师是怎么做到的

初识王老师，发现她身材并不高挑，却一脸慈祥；说话时虽带点乡音，却轻声细语，有条有理，其言谈用词颇具温柔与爱心。有人说漂亮的面孔是一封介绍信，善良的面孔是一张保证书，王老师正具备这两种特质。

我奉调乌日中学正值中国台湾经济起飞，人民生活由俭转奢，中学中辍学生也转趋增多。乌日位处台中市边陲，居民贫富差距较大；而成功岭地区又有部分过去为国服务劳苦功高的荣民，此刻已老迈，对子女教育较无法使力，因此中辍学生较一般地区为多。有一次偶然的机会与熊委员伉俪谈及此事，未料竟引起他们的兴致，愿意抱着试试看的心情，设法来帮助这群无辜的孩子。特别是心肠良善的王廷兰老师，表示乐意珍惜这份缘分，跟熊委员一起来试试看。不过两位贤伉俪特别强调，学校要给予大力支持，成败也不必太计较。他们表示愿意给孩子们一次机会来填补其心灵上的空白，我们尽力去做，孩子们能收获多少，那就看他们的努力和造化了。

于是熊委员和王老师开始搜集学生资料，加工判读这些资料，并着手规划课程。学校方面商请当时的辅导室方美雅主任及甚具爱心又有活力的陈淑媛老师协助，再加上两位彰师大的实习教师，这样的阵容也是前所未有的。最后在各年级各班老师推荐下，集合了各路英雄好汉和大姐小妹二十余名，以非正式方式上课，不带课本、不上正课，每周活动1次2小时，课程内容连名称都跟正课不一样。开课当天我告诉孩子们，这些老师从台中市来，他们是义工，不收任何报酬，来陪大家一起游戏，希望大家特别珍惜。孩子们听了，有一些期待的表情，但也有一种看你奈我何的随便眼光。

说真的，要想让这些贪玩甚至耍狠耍赖惯了的孩子收心，谈何容易，我内心也真有些担忧。论年龄，熊委员和王老师都是阿公阿嬷级了，要带这群孩子真是很不容易。因此除教室安排在训导处和校长室之间外，我也常常到走廊上走走看看，看到王老师那份执著、苦心和始终堆着满面笑容，我也为之动容，这才体会所谓"母亲的心是儿女的教室，阿嬷的心是永恒的臂膀"，真是再贴切不过。一周一周地过去，王老师教的手艺、剪纸、唱歌最受欢迎。其他如国剧演唱、国画、书法、英语会话、心理医师角色扮演等活动，也都从不冷场。

王老师告诉孩子，贫穷没关系，贫穷能使人坚强，贫穷的人往往有志气、能诚实；贫穷的孩子有时候不小心会走错路，甚至会跌倒，但是没关系，只要够坚强、有志气、能诚实勇敢地面对挫折，一定会有出人头地的一天。当王老师说这些话时，我发现孩子们都流露出受感动的目光，那种画面又真又善又美，太感人了。

一个学期很快过去了，结束前办了一次小小成果展，除了让学校老师大开眼界外，学生家长、当地治安单位、各种媒体更刮目相看。展出的成果真的琳琅满目。我特别翻了翻几个孩子的周记簿，有好几个学生都说："王老师比我妈妈还爱我。"我不知道王老师是怎么做到的，好几次校内聚会时同仁纷纷反映，这群孩子最近礼貌多了、脏话少了、缺课逃课的次数也减少了。这简直是"脱胎换骨"了嘛。算一下，如今他们都二十五六岁左右，虽没有正确数据，但在治安单位和报章杂志上，却从未发现这群孩子有不良记录上榜。谢谢王廷兰老师，您将永远活在我们心中。

（蔡慧登——黎明义工单位的义工

好友，现任某高中校长）

25.我们永远的王廷兰老师

记得在二十多年前的某日上午，有位娇小又慈祥的中年老师到店里来挑文具，因早上客人较少，所以我就跟她聊了起来：她自我介绍是黎明小学的王老师，因学生家里生活较困难，要买些文具送学生；又提起某学生家里发生了意外，所以她在筹募一些基金要帮助对方。让我听了好生感动，帮忙学生就已经是不简单了，还帮学生的家庭，所以我也就很自然地想尽点绵薄之力，捐了一点小钱，也请她不要跟他人提起此事，然而王老师却常惦记此事，相信有缘与熊先生认识，也应是您大力推荐的吧！

王老师，您留给我们的义行，点点滴滴将永烙心头。您和熊先生胼手胝足的奋斗历程，也为我们后辈树立了最佳典范。我一家人以认识你们夫妻为荣，您的爱也不会因您的离开而消失。您撒下了爱的种子，也将随着时间流转而增长，让这世间的阳光更灿烂、社会更和谐。您安息，好好走吧！也祝福您在另一个世界里得到喜悦，更是充实——我们永远的王老师。

（蔡秀霞及其先生张平国贤伉俪均为黎明
义工单位义工，经营三友书店有成）

附录一　学生的口碑——摘自王廷兰老师纪念文集《春风化雨满庭芳》

26.一次巧遇一生怀念

今年初，偶然地在报章杂志上看到了熊奶奶往生的噩耗，让我想起了小时候的一段往事。在我小学三年级时，有一次和母亲参加了由社区大学举办的义工活动，那次的主题是帮忙捡拾台中都会公园的垃圾。那时都会公园才刚建好不久，我第一次去，不免有些兴奋；到目的地后，大家戴上了手套，拿起了大垃圾袋与夹子，我和熊奶奶一起捡，我帮她提垃圾袋。虽然那时我年纪还小，但我永远忘不了熊奶奶慈祥的脸庞与灿烂的微笑，让我永难忘怀的是她那份对工作的态度。那是一个艳阳天，奶奶非常专心地捡拾树枝和落叶，连一小片枯叶都不放过。经过了一整个上午，我们俩捡了一大袋的垃圾，很有成就感，我们把大部分的垃圾都捡光了。甚至还跑到施工中的厕所捡碎片。在与奶奶谈话的过程中，感到无比的轻松且愉悦，熊奶奶是一位学问高且温柔的长者，这是我第一次和奶奶的相见。在那之后，我还参加了一次烹饪活动，做了好吃的蛋挞和小点心，我和奶奶玩得非常开心且尽兴。活动结束后，我还舍不得和奶奶分开，两人哭了好久。我和奶奶的缘分非常的短，因为过了没多久，社区大学就关闭了。在那之后，我再也没有奶奶的消息，直至今年初。我和奶奶并不能算认识，彼此的了解也不够深入；但我认为，她是一位非常特别的长者，她带给我的生活教育，是我所效法且尊敬的。

（施慧珊——王老师偶然机会中认识的小小义工朋友）

27.我生命中的贵人——王廷兰老师

亲爱的熊妈妈：

我永远记得与您第一次见面的情景。您像妈妈般对我充满了关心与鼓励，让嫁到台中、人生地不熟的我，心中满是温暖与感动。

还记得怀宝宝的那一年，您每次见到我总会叮咛我这、提醒我那的。当您知道我这新手妈妈，在坐月子中心只待了十天，便回家自己坐月子、带孩子，十分为我担心。您赶紧拜托朋友炖了一锅花生猪脚汤，亲自提来给我。熊妈妈，您知道吗？在接下那锅花生猪脚的当下，我的心中满是愧对与感动：愧对的是，我竟让您老人家辛苦地为我送东西来；感动的是，我非您的孩子，您却将妈妈的爱满满地灌注我心中。您是我生命中的贵人，每次与您聊完天，不但得到很多收获与启示，还能获得无比的力量，激励我要更努力。熊妈妈，您就是有如此神奇的力量，有着激励、鼓舞人心的魔法。每个孩子都有个妈妈疼爱他；而幸运的我，却有两位慈爱的妈妈。

怀念与您相聚的那段时光，在厨房里，您一边张罗午餐，一边告诉我：您一个人开车去看病回来。当时的我，睁大眼睛对您说："熊妈妈，我真的是太崇拜您了！"心中对您是既佩服又不舍，因为我明白，其实您心中多么盼望熊伯伯能够陪您去看病，无奈熊伯伯为了义工单位的事实在太忙了。为了不增添熊伯伯的负担，您决定坚强、独立地来面对生活。我们像是忘年之友彼此分享，最后我们总会以正向思考、互相鼓励来结束话题。喜欢与您这样心灵对话！听着您的话语，看着您的身影，我看到自己努力的方向。您总是坚强、独立，不想成为别人的负担；对人总是热情、关心，鼓舞身边的每一个人。您为我做了最好的示范，我会持续练习，学习您做个自爱又爱人的现代女性。

1992年夏天，我考取台中师院师资班，我赶紧跑去告诉您这个好消息。此时的您，身体已大不如前，我帮您整理从医院带回来的一包包药袋，您依靠在床头，聊着教书时的一些趣事，听着您将一位绰号"小黑"的男孩，变为"小白"的过程，觉得既有趣又温馨。看着您聊着学生，眼睛都亮了起来，脸上尽是愉悦与满足。我感受到您是真的喜爱"孩子"，热爱"教书"这个工作的。

世间因缘是如此奇妙！亲爱的熊妈妈，您知道吗？我现在教书的地方，正是您最后付出心力的"黎明小学"。走在校园中，总会不由自主地想像，当年的您也许也正在此处，辛勤地教导一群可爱又淘气的孩子们。亲爱的熊妈妈，我常回想那段与您相聚的日子，那些看似寻常的情节，却带给我生命极深远的影响。我何其有幸，能够认识您，一位像是老师、又像妈妈、也像是忘年之友的生命贵人。亲爱的熊妈妈，我和彦铭都会永远想念您、感恩您！

（李淑姿——黎明义工单位义工好友，现任小学教师）

28.学生是她的一切

王廷兰大嫂我从内心敬佩她：一个有名的教师，要照顾五个子女，真是很辛苦；同时这五个孩子都很有名气，都能得到博士学位。在1992年他们终于从台湾回到大陆。我们终于见面了，见面一看，就知道大嫂温柔善良，在县高我们终于合影了。在西大桥嫂子问我："县高中的奖学金是怎么发放的？"我说："不太清楚，是秉余亲自管。"我问嫂子："您是怎么安排你的子女的？"没想到触动了大嫂的回忆，她说："小妹，你不知道我怎样生活，用酱油调饭当菜就这样生活。"说着，她大颗泪

好妈妈与好老师

水流下来，我不由得也泪水流下来。猛然想起团聚在一起有多难，应当快乐，就猛喊嫂子。那里有人叫我们，因县委特别关照他们，在天池，大嫂和孩子们游玩得很开心。侄女秉纯说："小姑，我们回观庙吧。""好啊！"我们就回观庙了。到观庙有乡领导接待，回小哥家吃饭，正吃饭时，嫂子问观庙高中发奖学金情况怎样？我说很好，每次发奖时，都把我们叫去，亲眼看到他们把奖学金发到应得的学生手中。尤其是凤凰村的学生，个别没依靠无法上学的儿童，拿着补助金又能回到学校上学的学生，拉着我们的手，大颗大颗的泪水流，这是真的。大嫂别的事她不问，就问学校的事，这证明她一生中就是照顾学生；有了学生，就有了她的一切。这说明只有学生是她的希望，这也是她一生的心血结晶。她多次打电话也是谈这些事。

嫂子很想她的家人，她谈到有个弟弟叫王延年，新中国成立后至今没有下落。我是最没用的人，想写的事写不下来，几十年没拿笔，再者没上过几天学。

（熊智伯——王老师先生熊智锐的胞妹，现居

大陆故乡河南省商城县观庙乡）

 王廷兰：五个博士子女是
这样教养的

1.我实话实说

自从我荣获金氏纪录中国台湾生最多（五个）博士的妈妈的荣衔后，经常有朋友问道："你是怎么把五个孩子都教养成博士的？有没有什么秘方，可不可以传授一点给我们……"

很多朋友更抱怨："我现在只有一个（或两个）孩子，就把我累死气死，你却养了五个，而且个个都成了博士，这到底是怎么一回事？"

遇到这种场合，我通常都是实话实说："哪有什么秘方，都是孩子运气好，遇到了好老师，是好老师把他们教导成博士的，我哪有什么办法。"有时候我也会说："时代不同了，社会改变了。那时候社会单纯，民风朴实，外面的引诱少，孩子也比较好带。"

以上说的这些，看起来像是客套话，其实都是实话，都是真心话。时代不同了，社会改变了，外面的不良诱因多了，叫孩子不改变也难。再说，现在的孩子如果还像三四十年前的孩子那样乖顺听话，那才是令人头痛担心的哩！不说别的，单说他长大成人后如何去跟别人相处，如何去适应复杂多变的环境，就够令人担心的了。

我这个人从来不说假话。五个孩子都成博士，是老师的教

导加上孩子的努力得来的，但是如果说这中间没有我和我先生翘的心血，那也是不公平不真实的。尤其是孩子小的时候，做爸爸妈妈的日夜操心、担心，时时刻刻盘算；在待遇微薄、又没有别的谋生赚钱的机会和能力下，单单是把五个孩子喂饱，并让他们健康不生病，就不是简单的事了。我作为一个专职妈妈，身上的担子更是特别沉重。

现在让我摊开来，坦率地把我们陪着五个孩子成长的经过很简略地说一说，既用以自我反省，也借此提供关心我们的朋友参考。

2. 一项关键性的决定

我们常常拿这件事做反省和检讨，我们当时的决定到底对不对，它的影响是什么。

1952年，当时我和翘都才二十岁出头，既什么都不懂，更一无所有，尤其举目无亲。第一个孩子出生后，就面临很多难题，怎么照顾孩子就是个既大又现实的问题。在此情况下，我们俩商议后毅然决定，我辞去一项临时性的工作，当个专职妈妈和专职家庭主妇，是当时唯一可行的选择。后来孩子接二连三地生，不懂得节育和避孕，在一切都是自然呈现的状态下，我们连生了五个孩子，三女二男。第三、第四两个男孩出生相差不到一岁，有些邻居甚至怀疑第二个男孩可能不是我亲生的，不然怎么那么靠近。

做个专职妈妈的决定，即刻不利的影响是收入减少，生活困难。我们在日月潭时是四个孩子，经常用酱油拌饭喂孩子，但又怕孩子营养不够，就省些钱来买当时台糖出品的"健素糖"给孩子当零食。大男孩因为断奶太早，换吃奶粉，我们也咬着牙买较好的奶粉"勒吐精"给他吃。

入不敷出、寅吃卯粮，我们经常向朋友借钱，事后付利息还债。翘经常夜里写稿子，把我们平时给孩子讲的床边故事编成童话到报刊上发表，以换取些微薄稿费贴补家用。

在艰困的日子最怕的是孩子生病，好在当时住在乡下，环境清爽、生活简单，大人孩子都很少生病。孩子也没遇过什么意外，真是上天保佑、祖宗呵护。五个孩子得以顺利长大，看来当初让我在家做个专职妈妈的决定算是很对的。

3. "生活"是我们最看重的

当时还没有"生活教育"这个名词。抗战时期有"新生活运动"，在我成长逃难的年代，这个运动给我很大很好的影响。整齐、清洁、简单、朴素、迅速、确实，是生活的态度，也是做人做事的法则。我们教养孩子，都是本着这个态度与法则，从生活细节上着手。从孩子会走路、会说话开始，就叫他们不随便哭闹，有事情就找爸爸妈妈，说给爸妈听。小的弟弟妹妹也可找大的哥哥姐姐帮忙。大的不可以欺负小的，小的也不可对大的要赖。

孩子多，生活用品耗费得快，不但要节省着用，缝缝补补也在所难免。那时孩子很少有鞋子穿，平常都是穿木屐，孩子好动，木屐损坏得快。木屐磨损了，前面的带子磨掉了，爸爸就替他们修理，直到无法再修了才买新的，养成孩子节俭惜物

附录二 王廷兰：五个博士子女是这样教养的

的习惯。

每人一套盥洗用具，毛巾、牙刷、漱口杯，各人随手用随手收捡放回原处。其他用品也是一样，像木屐、鞋子、帽子、书包等，都有固定的地方，用后应归还原处，不可随手乱扔乱丢。早上起床后先叠被子，离开房间前先收拾书桌、关灯，这些小事都要养成习惯。我们常常对孩子说：从小事做起，养成好习惯，将来才能成为一个像人的人，走到哪里才不会让人讨厌或看不起；先做个像人的人，才能成为有用的人。

谈到节俭，贫穷人家本来就得节俭。我家孩子经常穿着破了再补的衣服上学，也习以为常。二女儿读高中时，骑脚踏车把裤子磨破了，我不得已用不同颜色的布替她补一补；她的一只球鞋穿破了，就穿了另一只不同颜色不同样式的球鞋上学；这两件事都被同学取笑，她也不在乎。当孩子还小的时候，有一天我们带他们去看电影，出来时二女捡到一张五十元大钞，在四十多年前的当时五十元是很管用的（我家生活费每天大约五六元），我们毫不犹豫叫她送去派出所招领。这虽是件小事，相信对他们也会有正面的影响。

大女儿出国，家中只能凑给她机票和初到美国的吃饭钱。她到了美国，还把剩下的三十五块美金再寄回来。当时弟弟妹妹还在台湾省上学，她知道家里困苦的情形。

做人要"像人"，这是我们常常告诫勉励孩子的。你吃饭、穿衣、说话、走路、乘车……都规规矩矩，人家自然就会信任你、看得起你，你才算是一个像人的人。并不是你吃得好、穿得好、住得好、装得人模人样的就算人。穷并不可耻，说话做事不像人才会被人看不起。

4.父母的身教很重要

我们夫妻言行都很留意，要做孩子的好榜样。例如我们互相尊重，相敬相爱，从来不对着对方大吼大叫；我们说话算话，讲信用，答应孩子的事一定做到；一向主张男女平等，男孩、女孩一样看待；穷也穷得干净、穷得硬朗，不投机取巧，不爱慕虚荣，不贪小便宜，不看重钱财……对待孩子无论衣食、娱乐、上学，男女都一样。弟弟妹妹捡哥哥姐姐的衣物用是很平常的事；艰苦时，大家都吃酱油拌饭，爸爸妈妈跟孩子没有两样。

说到男女平等有一件趣事：我生第一个孩子是女孩。怀第二个孩子时"产婆"到家检查，一再说这一胎是男孩。她当然也希望是男孩，因为男孩的助产费是女孩的两倍，但接生下来却是女孩，当时产婆的脸都绿了。不过我们还是照男孩的助产费给她。

五个孩子中二女因小时患百日咳，智力可能受了伤害，初中高中成绩都不太好，我们鼓励她、支持她，她考不上公立学校就让她读私立学校；其余孩子从小学到大学，全都读公立学校。他们都没上过补习班，我们也没钱给他们上补习班。每到学校开学我们都得向朋友告贷。二女读私立学校，开学缴费时，她一个人缴的费用比其他四个人加在一起还要多，姐姐和弟妹们都知道这种情形，也从来没有一个人讲话，没有一个人嫌她花钱太多。她自己当然也很难过，每次开学前离家和缴费后回家，都是低着头好久好久不讲话，因此她读书时特别辛苦，也特别拼，我们总是鼓励她，最后她也能考上大学并出国留学，在美国读书很出色，取得名校的博士学位。

我们要求孩子诚实、守信用、说话算话。我们也以身作则，对孩子有任何承诺，事后一定做到。例如偶尔家中请朋友吃饭，我除自己亲手做外，也趁机会跟孩子说这是人情礼数，我们平时当然不能如此吃喝。请客时通常都会有一道清炖全鸡加些香菇，在当时是不常吃的，孩子们见了当然也想吃。我就答应事后做一只全鸡给他们吃。我虽说到做到，但不得已也会"偷工减料"，鸡小一点，香菇少一点；孩子们都吃到了，也心满意足了。

5.做个有教养、有品位的人

我们从来不打骂孩子，不大声大气凶孩子，凡事都跟他们讲道理。讲的都是跟教养、人品、做人做事的态度有关的道理。例如有礼貌、诚实、不骄傲、不欺负弱小、见义勇为但不好勇斗狠、不爱虚荣、不贪嘴、不贪小便宜……

家庭是教养孩子的好场所，家庭风格更是孩子潜移默化的好地方。我们家虽穷虽苦，但学校有义卖、救灾活动，我们一定会支持；我们绝不在孩子面前叫穷、叫苦、谈"钱"，更不会巴望孩子长大了要去赚很多钱。我们家来往的朋友多是道义性情中人，孩子耳濡目染都会受到好的影响。有的朋友喜欢带孩子去玩，甚至去看一场电影。在征得父母同意后他们就会高高兴兴地去；但每个朋友回来时都说，他想买些零食给孩子吃，孩子硬是不接受，朋友都很惊奇地称赞：怎么会有这样的孩子！

在公共场所，孩子不会争先恐后或嚷嚷叫叫。我们更不会叫孩子去占位置。有一次我去参加一个读小三的孩子的家长会，很多家长都带着孩子围着老师讲东讲西。我的孩子却陪着我坐在教室后面的一角；直到别人都走了，他才领着妈妈跟老师见面。这时老师既夸奖孩子懂事，也对我表示歉意。有一次我听读小四的大儿子说，期中考全班都考得不好，老师发考卷时很多同学都垂头丧气；跟他同座的同学考了八十五分，算是很高分的，就扬扬得意，拿着考卷在我大儿子面前摆动炫耀，又问我大儿子考多少。我大儿子一直不告诉他也不给他看考卷。他以为一定考得比他少，就硬是要看。我大儿子只好给他看。原来他考的是九十六分，那位同学才安静下来。

孩子在学校无论发生了什么事，我们当家长的总是站在学校和老师一边，支持学校、尊重老师，让学校和老师好办事；也是给孩子留下尊师重道的示范。

我家孩子在学校常常受到屈辱或不公平待遇，我不会因为自己是老师，我先生不会因为在教育厅服务，就出面跟学校或老师理论。总是劝勉孩子不要计较。例如我大女儿上小学时，常常是班上考第二名，全校考第一名；我二女儿常常被老师说"笨"；我大男孩上中学时被老师批"你没有作文细胞"；我二男孩中学毕业成绩优等却没领到任何奖项；我小女儿初中、高中都不受老师重视……我们都平平淡淡看待。孩子上学期间都循序渐进，不跳级，不读资优班，一切都跟普通孩子一样。

6. 保持传统美德

我们很重视传统道德，像孝顺父母、慎终追远、长幼有序等等，孩子小的时候就随时随地留意引导他们。我家孩子都很听话，他们小时候，每天中餐、晚餐全家一起吃；开始前孩子们会用他们的小手腕在餐桌边触碰两下，说："谢谢爸爸，谢谢妈妈！"如果我还在厨房忙着，请爸爸带着孩子先吃；孩子会用小手腕触碰几下餐桌说："对不起妈妈，我们先吃！"那时大陆与台湾尚未交往，每次吃饭前，我们还会让孩子闭上眼睛，想一想大陆上的亲人。平时告诉孩子，大陆上还有很多亲人。吃完饭，碗里不可有剩菜、剩饭、剩汤，面前桌子上不可有掉的菜屑饭粒。离开餐桌时孩子们会说："谢谢爸爸妈妈，我们吃饱了。"

很长一段时间我们都是租房子住，居无定所。后来住处安定了，才设置祖先牌位，祭的是"熊"、"王"两姓的祖先。过农历年祭拜时，祭品很简单，但礼数很正派。一切准备好后，我们会跟孩子一起跪下，向祖先行三叩头礼。

凡此种种，在他们幼小的心灵中都留下很深的印象。到现在为止，五个孩子之间都很和睦，家庭都很美满，对父母都很孝顺尊重。相信跟他们小时候所受的引导和影响有密切的关系。

7. 必要时才向孩子提建议

我们一向不看重孩子们的考试分数，从来没因为考试不好责怪孩子。我们只管提供他们适当的读书环境。当孩子读书或做功课时，我们不开电视。当时出版儿童读物的风气还不盛行，只要市面上有的，我们都会买回来给他们读。家中订有国语日报，也鼓励他们写作文或画画去投稿。孩子们读书都很自觉，这可能跟读书环境有关。我们经常提醒孩子，我们在台湾无依无靠，无田地房屋财产，只有靠自己，小时候好好读书，长大了认真做事，将来才有希望。读书做事都会遇到困难，遇到困难就想办法解决，不要害怕，更不要退缩。

上高中以后，孩子读什么书、将来考什么大学、选什么科系，我们都很少过问，尽量给他们自主空间。孩子交异性朋友乃至选配偶对象，我们也很少提意见，顶多是叫他们慎重小心。偶尔看到跟我女儿在一起的男孩子流里流气的，我们才会提醒女儿要多观察、多交往，不要轻易做决定。据我所知，我先生翘曾对二女儿和两个男孩考大学提过很关键的意见。

二女儿因为自己初中高中都读私立学校，花了家里很多钱，曾表示不想再念书了；也曾表示要去读师范，替家里省一点钱，毕业后也可以马上赚钱帮助弟弟妹妹。我先生表示反对，叫她不要灰心，因为那样做她将来会后悔。现在她在加拿大多伦多大学教书，跟她当初的志趣也没违背。她每一想起，都会感谢爸爸的建议。

两个男孩在读高中时爱国心很强烈。有一次日本某歌舞团到台湾省台中市演出，街道上插满了宣传旗帜，他们兄弟俩要带几个同学去拔旗。他爸爸劝他们不要那样做，改个方式做反宣传，叫大家不要去看也许比较好一点。他们一直想考军校，他爸爸说："你们两个都不是读军校的料子。爱国有很多方式和途径，不一定读军校才是爱国。"后来他们两个在服兵役的时候，亲身体验了军人生活的一面，才发现军中有很多不民主、不合情理的现象，才知道爸爸当初的建议是对的。

8.这是各方面的共同成果

对孩子来说，家庭教养当然非常重要。但无可否认的是，也要很多条件和因素配合，孩子才能有所成就。特别是孩子自身的志趣和上进心，是不可缺少的。从前面所述说的不难看出，我们教育孩子的过程和方法都很平常平淡，没有什么高明的地方，也没采取过什么特殊的办法或手段。总的来说，五个孩子都能顺利成长并各自走出他们自己的路，是健康的家庭、安定的社会、尽心尽力的学校老师和孩子自己肯上进的共同成果。

 子女的记忆——节录自王
廷兰老师纪念文集《春风
化雨满庭芳》

1.母亲的音影

母亲离世已过一年，我的日子却在自觉与不太自觉中交杂地过着。

去年三月初，我是在加州海边一个闭门小研讨会中接到大弟来电而获悉的。次日清晨，欲曙未曙之际，我走出屋外面海的阳台，远眺洋际，瞿然看到一对大鱼的脊背，沿着离岸山屿边遨游，载浮载沉。是鲸是鲨，如此硕大，让人不能不为之震慑。游了一阵，其中的一只杳然而去。我急唤沐浴中的慕州来看，等他冲出房门，海面一片孤寂，什么大鱼小鱼的影子都找不到。母亲离世的消息仍在脑后伫守，与这迷离动人的景象并存，不明白是什么意思，但留下一个深而异样的印象。

事后总有某些时节，似乎看到母亲那熟悉的身影，在医院的走廊，一般街道的转角，她时急时徐的声音，仿佛也可能透过电话或穿堂而现。过着这些虚渺的真实竟也度过了三月举丧告别，火化、羽化的影子。回想十岁二十岁离家，家人间聚少而离多，与母亲的接触，其实常在一年半载，甚至更长时间才得一见的情况下维系。过去的违离，既从未造成间隔，如今恍惚间若离而若即，大概也不稀奇。七月间，我远离巴拿马去探

望在南美丛林沼泽间学习生态的青青。身边离奇的草木花卉，四月初遇的蛙猴禽鳄，用各种意想不到的色彩、声调助人怀想着许多不可怀想的事情，自然也驱离了一些沉积的愁绪与疲惫。一顷，坐临加勒比海的缤纷彩霞，青青问我："所以你有准备吗？"我知道她在讲着婆婆的离去。望着南美特别高阔的天空，我对她小心翼翼的关切，给了个简短而确实的回复。我说："两年前到阳明山疗养院看婆婆，公公就说小阿姨从医生那儿听说这类肺脏纤维化的病人，很可能还有两年的时间。所以，我不能说是不知道。"不过，当然知道跟有准备其实不同一回事。

（熊秉真——王老师的长女，前任中央大学

文学院长，现任中研院研究员）

2.对母亲无限的思念

从小，也不知为什么，好像很早就知道您的内心世界，尤其是您那多愁善感的一面。也不知道为什么，从来就一直觉得能让您高兴是我最大的成就。这些年来，从能让您高兴中得到很大的满足。您走了，我好像是一个要把戏的猴子，一下子没有了喝彩的观众，再也没有耍下去的理由和兴致。偶尔走在多伦多街头，迎面走来一个中等身材、头发花白的东方年长女性，我都情不自禁地要仔细多看一看她的眉目，想确认一下，那真的不是您。另一方面大概心里还是窃窃地盼望，说不定，会再看到您。

您的个性很倔强、坚强、不服输，吃再多的苦也要把事情做到自己满意，拿出去不丢人。我大概常常跟在您身边转，所以有很多小时候您怎么把妈妈这个角色做好的记忆。住在日月潭的日子，记得跟着您到日月潭小学的后山下去挖红土，拿回来腌咸蛋，走的都是石板台阶，旁边有很多挖得深深的防空洞，说是躲空袭警报用的。有一回，您不小心，踩到石板台阶上正在搬家的蚂蚁，被一群粉红色的大蚂蚁咬得小腿都肿了。那时候，我大概就只有四五岁，就听您说，腌咸蛋，和红土的水要先烧开，等冷透了之后才能和红土；蛋也要洗干净，晾干，洗蛋的时候要一个一个地检查清楚，蛋壳不能有裂痕，要不然腌出来的蛋会是臭的……

这种凡事追求完美的自我要求，加上那个年代经济条件不好的客观环境，造就了您很多持家俭省的习惯。比如，把芹菜的根切下来之后，把外面的老筋老皮剥掉，中间还会有一些嫩的部分，要留下来；把茄子的蒂切掉之后，蒂的中间还有一些茄子瓤，不要丢掉；打蛋，除了蛋清蛋黄流到碗里，蛋壳上还有一层蛋清，一定要记得用手指头把它赶下来。花生有两种做法：一种是放花椒和盐，煮成软的煮花生；另一种是放锅里干炒，炒成既香又脆的油葱花生，或是带盐的盐水花生。每次买来生的花生，您都要先捡，小一点的花生留着煮，比较大的炒着吃。我有一次问您为什么？您说，炒花生的时候如果大小不同，小的已经焦了，大的还没熟，而且炒的花生会"缩"，大的花生缩一点没关系。煮的花生会"涨"，小的花生煮了"涨"一点正好……

那个年代，没有什么零食，半成品也没有。几乎所有的衣食都要靠您的巧手和创意。您不仅煮面条、蒸包子馒头、做菜盒子、包饺子粽子、炸脆饼糖圈，过年时还要灌香肠、腌腊肉、炸春卷，并且为我们打理新衣。因为经济条件不好，我们小孩子对您所有做的食物零嘴都拭目以待，吃起来也特别香甜，而且总是意犹未尽。每年过年，灌的香肠总是很快被我们几个小鬼一扫而空还贪心不足。

您最在意的事就是教养出的孩子是要有家教、有教养的。"有家教"其实包括很广，例如，中午不睡午觉的孩子是野孩子，没有家教；兄弟姐妹不能直呼其名，因为名字是长辈或外人叫的，兄弟姐妹彼此之间要以"大姐"，"二姐"，"大哥"，"小弟"互相称呼。如果兄弟姐妹互相直呼其名，就是没有家教……家里没有钱，看到别家有好玩的、好吃的东西，不准显得想要、贪馋，要不然会让人看不起，这也是没有家教的表现。

跟要求小孩有家教相对的，是您要求自己做事做人一定要有水准。做事有水准包括，租住的房子搬家时，一定要把搬离的房子打扫干净，绝对不可以留下脏乱垃圾；做事时一定要做得正、做得好，全力以赴，不要让人说闲话，看不起。做人有水准也包括很多、很广：不要锦上添花，一定要雪中送炭；不要口惠而实不至，更要谦虚、待人诚恳；绝对不可以在任何人面前炫耀自己……

您的个性很直，认理认得很真，黑是黑，白是白，容不得灰色。在您的眼里，一个人或者是好人，或者是坏人，您不能接受好人有缺点。正因为这样，您做事总是全力以赴，要把事情做得"让人没话说"，对自己的弱点，很不留情……

您常讲起从小离家到外地上学，临走时跟公公婆婆行礼道别，但是不要他们送您。我们五个孩子大了，先后离家上学、就业，每次回家，您都很高兴，做东西给我们吃，有时也一起去添些需要的日常用品，走在路上总有讲不完的话。临走的前一两天，您就开始不舍、焦虑，您常常前一晚一夜都睡不着，清晨两三点就到我们房间，把睡在下铺的我叫醒，跟我挤一张床、讲悄悄话……

我在加州念研究所之后，您和爸爸到洛杉矶两次，虽然那时候当学生很穷，但是还是开着小破车，到南北加州附近的景点玩了玩。可能也就是因为条件不好，出游的一点一滴，特别觉得弥足珍贵。我到多伦多任教之后，您和爸爸也来了好多次，对这里夏天的干爽清凉特别喜欢。当然，你们对生活要求不多，一点点的快乐惊喜就能让你们感到满足。我们一起开车到渥太华、魁北克、蒙特利尔，其间的乡间小道、人文景观，都很有趣。每次你们来，我们一定要到尼加拉瓜瀑布附近的小镇一游，也一定到那家的烤新鲜面包、榨鲜果汁、满园桃树的农庄吃午餐。去年暑假回台湾，您的身体心情都不好，不太讲话，躺着的时候多，您常常怅然地说："没想到，得了这个病，这么苦。"我看在眼里，很难过，但是也不知道怎么为您解心中的落寞。只是到花市买些兰花，放在餐厅、客厅和您的卧室，让您看了开心。

去年一月中在台大医院发生的一切，一直到现在我还是不能明白……一月十七号早上，大弟从医院打电话给我，说您的情况不好，要我尽快回台湾。我立刻订票，当天晚上回台湾，快到中午，又接到大弟来的电话，说您要插管，送加护病房，要我跟您讲话。我心头一震，有不祥之感，隔着电话，听到您急促的呼吸，我只能说："妈妈，我知道您害怕，不担心，不管发生什么事，我们永远是在一起的。"您走的那天，看着大弟、小弟扶着您走过台大地下室的长廊，搀着爸爸，怎么都不明白您怎么就这样走了。很想做好吃的菜给您吃，怎么就没机会了。当初整修房子，也是为了您和爸爸，好不容易房子修好了，您却不能来看一看。今年夏天，后院的杏树又开花结果了，这是您最后一次来多伦多之后第一次杏树结果，看着满树黄澄澄的杏子，心中有无限的怜悯……

（熊秉纯——王老师的次女，现任

加拿大某大学副教授）

3.怎么有这样的日子——妈妈和我共同的经历

"月亮出来院院，里面有个弄喘，弄喘出来摆摆，里面有个奶奶，奶奶出来烧香，里面有个姑娘，姑娘出来说头，里面有个小牛，小牛出来喝水，里面有个小鬼，小鬼出来点灯，烧你鼻子眼睛。"

这是小时开始记得事情的起始的第一首儿歌，是在日月潭。家里有爸妈大姐二姐我和小弟。

妈妈是豫北人，那时候刚来台乡音还很重，"院院"其实是"圆圆"，"弄喘"是"龙船"，"说头"是"梳头"。

爸、妈感情一直很好，记忆里他们和我们小孩子在一起的时间很多，教我们识字、儿歌、散步、郊游。全家人都很亲近。爸、妈对我一直很有耐心，持续五十年不变。

记忆中妈妈带我和弟弟到日月潭街上，我们身上带着她准备的洗干净的手帕，公路局汽车开过去尘土飞扬，妈妈教我和弟弟拿手帕捂着鼻子，街上店铺里的人都注目。出门时妈妈她一定把我们穿戴整齐，过街时拉着我们的手不放。我们是校长的小孩，要注意言行教养，妈妈这么说。我一直到现在五十岁，过街时拉着太太的手不放，是一个从小的习惯。

妈妈的字写得很漂亮，小时候学期初领到学校课本，妈妈就帮我在书面上包上纸套，写上科目和我的名字。一直到高中还是如此。几年前我和妈妈说我觉得她字写得很漂亮，她觉得很惊奇。

妈妈和爸爸是把我们小孩带大的很好的伙伴。他们怎么谈分工的，我不知道；但知道我妈很崇拜我爸，我爸也很尊重我妈。从小记得事起，家里就有一些爸爸教我们小孩的规矩来表达对妈妈的感谢。每天家人围着桌子吃饭时，开动前还有一个动作，就是闭着眼睛想着大陆上的亲人；爸爸妈妈说，我们有很多亲人在大陆上，爷爷奶奶、外公外婆等等；睁开眼睛后，妈还在厨房做菜，会要我们先开动；我们会说要等她，妈要我们先开始；来回两三次，我们才会开动，小孩们把手在桌沿轻敲，一起说"对不起妈妈，我们先吃"！吃完饭时小孩一起再轻敲桌沿，说"谢谢妈妈，我们吃饱了"。这是爸爸在家里教我们小孩的规矩。要知道感谢妈妈的照顾，每天不能忘。

妈妈的记忆力很好，记得她小时候玩伴的名字和育幼院师长的名字和所有儿孙的出生年月日，小孩的老师的名字也记得清清楚楚。可是几年前我提到我小时候有一次贪玩，作业没写完，到了晚上她在旁边陪我赶作业：她边念我边写，我也边掉眼泪。妈妈说她不记得这事了。那时候我快五十岁了。她的眼神很清澈，她说她不记得了，我有点不相信。

妈妈话不多。她的学生、学生家长都记得她活泼热情，我从小记得她的是相反：沉稳、话不多。相同的是，她一直细心与正面地鼓励我们小孩。我长大之后才知道别人的妈妈有很唠叨的，有给小孩很多压力的，之前一直以为所有人的妈妈都像我妈一样。

我七岁的时候，有一天放学回家，妈不知从哪儿拿来的一束香，她点了香两手握住在家里踱步。我好奇地问她做什么，她说香的气味好闻，烧了可以除家里的湿气。后来这事再也没发生过。到了妈快六十岁时，有次她和爸一起到洛杉矶看二姐，我们开车出游到了郊外农业区，她看到田里种的棉花，要我们停车，她下车摸着棉花不停掉眼泪，久久不离开。过了好些时候之后，她才说从小离家之后就没再看过棉花，也没敢再想她永别的爸爸、妈妈。妈那时的眼神，像我记得她在家里点香踱步的眼神。

妈妈记得我们做的小小的贴心事。她重新开始教书时买了双白皮鞋，平常收着，只有学校有庆典时才穿。有一次我把鞋子擦亮了让她开心。她说到这件四十年前的事时的惊喜和得意，就像昨天才发生。

我小时候偶尔生病，有一次在家卧病几个星期。记得妈会边忙做家事边唱歌，还做稀饭给我吃。我后来在美国读书时溜冰摔断了脚骨要开刀，没敢和爸妈说，开完刀之后才打电话回台中。妈说她那天在学校，从早上开始就感觉莫名的难过、忧伤了一整天。"母子连心"，她说，好神奇。这是妈妈和我共同的经历。

妈妈常说我太太是个开朗的孩子。过去这几年来，妈为病所苦比较容易忧郁，特别会拉着我的手说"咏薇是个开朗的孩子"。连说好几次。可是我记得妈自己从来是个开朗坚强的人。

妈妈好冒险和爱玩的个性我先前几十年不知道。她的快乐时光，包括退休后到尼加拉瓜瀑布的景点穿了黄雨衣走进瀑布去冲水，她拉着我走了第二趟、又走了第三趟，还要再去排队。那时她眼睛舞着快乐淘气的激情，我的印象深刻且陌生。哗！好奇怪的一个女生！胆子比我大。

五年前我和咏薇陪爸妈游洛杉矶城外山区的大熊湖，在海拔2500米的高山农场，骑着高大的骏马在山区走了将近一个钟头。下了马背才知道这是妈一辈子第一次骑马！（我怎么知道嘛！她是神秘的大陆北方小孩，我自然以为她小时候常骑马的！）这时候的妈已经有骨质疏松和几年前骨折过几次之痛，也已经有肺疾缠身。但是我猜妈面对超过2米高的大马时，硬是一定要试试看吧。今年年初我和咏薇出差特地绕道大熊湖，农场下雪、马儿在悠闲地吃草，我们照了几张相片纪念妈妈在那儿的欢乐时光。几年前相机不巧留在旅馆忘了带，没照到妈的骑马英姿。

在妈妈第一次骑马之后的几天，我和她到一个海滩吃午餐。很奇妙地，当时海豚在近岸边跳跃，远海有鲸鱼喷水，沙滩上一个钓客指着他刚上竿的一条活蹦乱跳的鱼对妈说："你给我带来好运！"妈妈脸上发着光，转头对我笑说："怎么有这样的日子！"

（熊秉纲——王老师的长子，现在美国某信息公司任职）

4.妈妈辞世，恳谢朋友关怀

亲爱的朋友：

我母亲的追思礼拜，星期六（三月十一日）下午在台北信友堂举行，过程温馨庄严。虽然没有发讣闻，也在简单的讣告里恳辞花圈花篮和奠仪；还是有好多朋友，送了素雅清新的花，或是到场致意。对于这些天来的问候关怀和协助，我都非常感念。

家人之间的相处，是一个漫长奇特的经验。对于父母和亲人，静静思索，总有许多愧疚和遗憾。近廿年前，我刚取得博士学位，途经加州返台。当时，父母刚好到加州探望子女；我陪他们到迪斯尼乐园去玩，他们玩得很开心。

记得在一个地方排了队，音乐是《小小世界真可爱》；和妈妈刚坐上小船，准备顺着人工河流而下。妈妈一直有赤子之心，当时就像是一个快乐无比的小学生，挥手要爸爸赶快下来。她脸上纯真自然、满心欢喜的表情，一直鲜明地留在我的记忆里；我记得很清楚，自己暗下决心，一定要再陪她到迪斯尼乐园玩。遗憾的是，回台湾省之后，虽然也曾陪他们出国旅游，却始终没有完成那个心愿。当然，现在想来，这只不过是诸多遗憾之一而已。

最近几年因为肺部纤维化，妈妈的健康情形渐渐变差，生活品质也慢慢下降。一月十三日进台大医院急诊，四天后送加护病房，注射镇静剂之后，意识就再也没有恢复过来。因此，肉体上所受的折磨，大概就是三四天。

妈妈是一位好母亲，是一位好老师，也是一个好人。她虽然过世，我知道她会希望子女们好好过日子。我将会常常提醒自己，以她为标杆，努力做个好人，当个好老师。

　　敬祈

大安！

熊秉元　敬上

二○○六年三月十二日

（熊秉元——王老师的次子，现任某大学教授）

5.谢谢您的礼物

　　妈妈，您知道吗，当您外出工作我才知道放学后家里有人在多好；当然还包括有您精心烹制的点心。有时参加学校远足，总难免忘了带钥匙，于是在外飘荡，一个人非常落寞，这时更会想念妈妈。此外，还谢谢您总带着我通过学校郊游，遍访台湾名胜。

　　当上大学离家返校时，您总做许多鸡脚、鸡翅、卤味让我带回宿舍，解我嘴馋也满足了同窗。

　　我念博士班第三年时您与青青、盼盼远渡重洋，您与青青协助盼盼适应赴美的生活；更每天成为盼盼幼儿园的陪读，为盼盼壮胆并协助其语言转换；课后我们在校园中，您讲故事并教盼盼丢苹果及爬树的绝活。隔年的暑假我要资格考，您与父亲更使出全身解数娱乐盼盼，并教他玩画画、住帐篷、用树枝架设公路桥梁等游戏。

　　退休后您与父亲活跃于义工活动，我回台中多要错开你们满满的假日节目，心中一度不悦；但看到义工与您活络及亲密

附录三　子女的记忆——节录自王廷兰老师纪念文集《春风化雨满庭芳》

的相处，我转而高兴我的父母成为更多人的"爸妈"。去年台中追思会中，听到义工、哥哥及我的中学同学细说和您的相处，我震撼的体会，您温暖的爱对周遭人长远的影响竟如此深长。

我搬家了却不敢邀您，因为居处没有电梯，然而您却在那年的平安夜带着氧气、拄着拐杖一步步的走上四楼，这已是您在家中不上二楼作息多时之后，您给了我最好的圣诞礼物。

您卧床的时间越来越长了，但您常告诉我若您叫我"荃、荃、荃"连续三声，便是说"我爱你"。除了含蓄并主动表达关爱，您更创造机会让我与您亲近，因为您总叫我到床边为您祷告。

您生病未能来台北之前，每逢台大杜鹃花盛开时节，我都十分感慨您未能亲临享受美景……您搬来台北后我们曾在花前照相。去年您在花季去世，每当我往返校园中就想像您的灵魂已获得自由，此刻正欢喜雀跃地畅游在花丛中。

您就医历程中曾发生种种偏误，今后我当试着把悲愤中的省悟在教学中加以改进。

每当我怅然神伤时，敏锐的小咏心问我是不是在想婆婆，同时她自己也红了眼眶。在育儿中想念您是一生的礼物。妈妈，安息吧，谢谢您！

（熊秉荃——王老师的幺女，现任某大学副教授）

6.奶奶的毅力令人敬佩

亲爱的奶奶：

您最近过得好吗？我好想念您。

还记得大概是小学六年级的时候，那时您住在台中，我们全家常常在假日去找您和爷爷。您给了我一本笔记本，您说要和我一起练习写字。于是，我每天在笔记本上抄着数行的古文。起初，我总是心不甘情不愿地写着，我想：这种无趣的行为，对我到底有什么好处？后来，我看到了您传真过来的字迹，令我十分惊讶：不仅每天写的页数是我的好几倍，字体的工整度更是让我羞愧！更令人敬佩的是您的毅力！那时您的身体已经不太好，却还是每天持续的练字。您努力不懈的精神让我重新思考自己的行为模式。后来，您练成了一手好字，而也开始有人看懂我的笔迹了。

现在回想以前您在我身边的时光，真是有太多事需要感谢您了！谢谢您，奶奶，我爱您！

孙　熊信宽　叩上

（熊信宽——王老师的长孙，秉元、

君白的宝贝儿子，现就读高中）

▲ 终生学习不辍的熊妈妈王廷兰老师专心
学习的模样。

▲ 1999年爱花木的熊妈妈王廷兰老师在次女熊
秉纯加拿大多伦多住家前院留影。

▼ 2005年，熊妈妈王廷兰老师
重病在身仍怡然自得。

▲ 2000年金氏世界纪录致
赠"中国台湾生最多〈五
个〉博士的妈妈"荣誉证
书给熊妈妈王廷兰老师。

▶ 熊妈妈王廷兰老师在加拿大多伦多次女熊秉纯住家后院带孩子们挖蚯蚓。

▲ 熊妈妈王廷兰老师教外孙李洁心爬树。1996年8月摄于美国印地安那普渡大学校园。

▶ 2004年熊妈妈王廷兰老师与当时在中国台湾的孩子们合影。

▼ 2009年，病中的熊妈妈王廷兰老师与长子熊秉纲、长媳李咏薇合影。

▲ 熊妈妈王廷兰老师和学生共同耕耘的"学习园地"，包括"关心天下事""活泼的头脑""灵巧的双手"三区块，这是它的一角。

▲ 熊家二公子，右起秉元、秉纲。

▲ 1955年，熊智锐、王廷兰伉俪在竹山带着两个女孩秉真（后）秉纯（前）散步时的情形。

◀ 1965年，熊妈妈王廷兰老师带着五个子女在位于雾峰的省议会游玩。

▼ 1965年，家累沉重的熊妈妈王廷兰老师与五子女在日月潭畔留影。

◀ 1967年，熊妈妈王廷兰老师带着五个子女在户外游玩。右起王老师、熊秉真、熊秉纯、熊秉纲、熊秉元、熊秉荃。

▶ 2000年母亲节，次子熊秉元全家携花向熊妈妈王廷兰老师致意。后排右起熊智锐先生、王廷兰老师、次子熊秉元、次媳谢君白、前排长孙熊信宽。

▶ 1987年1月7日熊妈妈王廷兰老师办理班级学生庆生会，孩子们乐翻天。

▶ 1987年4月25日熊妈妈王廷兰老师和班上学生欢乐在一起的盛况。每个孩子心中都说："老师最爱我。"

▲ 1990年11月，学生在户外活动时会跟熊妈妈王廷兰老师逗笑的镜头。

▲ 1988年教师节，熊妈妈王廷兰老师荣获中国台湾"杏坛芬芳录"特优教师奖。

▲ 熊妈妈王廷兰老师在故乡河南太康设奖学金受益学生合影。

熊妈妈王廷兰老师参与经营的黎明读书会秘书廖珍玲，两个人常被义工朋友误认为母女。

▲ 熊妈妈王廷兰老师在河南商城捐款救助家乡辍学女童受益学童合影。

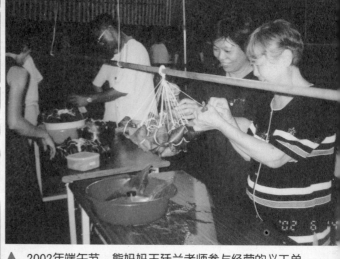

2002年端午节，熊妈妈王廷兰老师参与经营的义工单位举办包粽子活动，现场欢乐情形。

1998年的王廷兰、熊智锐伉俪经营的义工单位获教育部核颁全国社教有功团体奖，熊智锐召集人赠感谢状给王老师。

王廷兰、熊智锐伉俪经营的义工单位每年均举办免费挥书赠春联活动，2003年王老师生病拄着拐杖参与活动的情形。

1998年，熊妈妈王廷兰老师参与经营的黎明读书会五周年会庆会员合影。

熊妈妈王廷兰老师带长宽玩石子。

◀ 王廷兰、熊智锐伉俪（后排右起第三、第四位）经营的义工单位组团探访921震灾灾区南投县中寮乡和兴村留影。

▼ 看，熊妈妈王廷兰老师跟长孙熊信宽笑得多甜蜜。

◀ 熊智锐、王廷兰伉俪游韩国留影。

▲ 2000年4月熊智锐、王廷兰伉俪游加拿大多伦多爱德华公园留影。

◀ 熊妈妈王廷兰老师带外孙李洁心吃薯条。

▶ 王廷兰、熊智锐伉俪旅游美国圣地亚哥时与当地学生合影。

▶ 熊妈妈王廷兰老师带着服装整齐的班上学生从事户外教学。

▶ 熊妈妈王廷兰老师带第二外孙女蒲欣岚玩手艺。